एक अतिरिक्त 'अ'

(नवलेखन प्रतियोगिता में अनुशंसित कविता-संग्रह)

एक अतिरिक्त 'अ'

रश्मि भारद्वाज

भारतीय ज्ञानपीठ

लोकोदय ग्रन्थमाला : ग्रन्थांक 1327

ISBN 978-93-263-5587-2

एक अतिरिक्त 'अ'

(कविता-संग्रह)

रश्मि भारद्वाज

प्रकाशक : **भारतीय ज्ञानपीठ**
18, इन्स्टीट्यूशनल एरिया, लोदी रोड, नयी दिल्ली-110 003

मुद्रक : विकास कम्प्यूटर्स ऐंड प्रिन्टर्स, दिल्ली-32

आवरण चित्र : लीलाधर मंडलोई
आवरण : महेश्वर

EK ATIRIKT 'A'
(Poem)
Rashmi Bhardwaj

Published by
Bharatiya Jnanpith
18, Institutional Area, Lodi Road, New Delhi-110 003
Ph. : 011-24698417, 24626467; 23241619 (DaryaÎ÷Îanj)
Mob. : 9350536020; e-mail : bjnanpith@Î÷Îmail.com
sales@jnanpith.net; website : www.jnanpith.net

First Edition : 2017
Price : Rs. 240

नानाजी
(स्व. डॉ. कमलेश कुमार सिन्हा)
के लिए
जिन्होंने पढ़ने-लिखने
की
दुनिया का
रास्ता दिखाया।

आत्मकथ्य

लिखना मेरे लिए एक निरन्तर प्रक्रिया है। जब दुनियावी कामों में फँसी लिखने से दूर होती हूँ तब या तो लिखने के लिए ज़रूरी रॉ मटीरियल स्वत: ही इकट्ठा हो रहा होता है या अवचेतन में कोई रचना धीरे-धीरे आकार ले रही होती है। भले ही फिर उसे कागज़ों पर उतारने में महीनों लग जाएँ। कई बार तो सपनों में मिलती हैं कविताएँ, सुबह जागने पर बची रह जाती है एक दो पंक्तियाँ या एक क्षीण सी स्मृति। क्यों लिखती हूँ, इस प्रश्न का ठीक-ठीक उत्तर दे पाना शायद मेरे लिए संभव नहीं है लेकिन स्मृतियाँ मेरी लेखनी के लिए आवश्यक पृष्ठभूमि का निर्माण करती हैं और यथार्थ उसका खाद पानी। जब कई ऐसे प्रश्न या परिस्थितियाँ उद्धवेलित कर देती हैं, जिनका कोई समाधान मेरे पास नहीं होता, उस समय लिखना ही उस बेचैनी से मुक्ति दिलाता है। लेकिन लिखना मेरे लिए सिर्फ़ 'एस्केप' नहीं। लिख सकना मेरी ऊर्जा है, जटिल से जटिल हालातों में संघर्ष कर सकने के लिए आवश्यक रचनात्मक जिजीविषा मुझे मेरी लेखनी से ही मिलती है। कोशिश यह भी रहती है कि यह ऊर्जा बस मुझ तक सीमित नहीं रह जाए, मेरी लेखनी से गुजरते हर इन्सान तक उन प्रश्नों की आँच ज़रूर पहुँचे जो मुझे उद्वेलित करती हैं। एक सार्थक रचना में उसके समय के ज्वलन्त प्रश्नों की अनुगूँज होती है जो पाठकों के अवचेतन को झकझोरती अपना समाधान खोजने के लिए अग्रसर करती है। मेरी लेखनी भी सार्थक होगी अगर मेरी बेचैनी, मेरी तलाश बस मुझ तक नहीं सिमट जाए, उसका कुछ अंश आप तक भी पहुँचे।

मेरी कविताएँ मेरे लिए स्वप्न है तो चेतना भी, मेरी आवाज़ है तो मौन भी, जीवन है तो कई बार दस्तक देकर लौट चुकी मृत्य का आभास भी। कई बार

इस दुनिया से दूर जाने की कोशिश तो कई बार इस दुनिया को और शिद्दत से चाहने की पहल। शायद लिखता हुआ हर इन्सान थोड़ा असामान्य, थोड़ा रेक्ल्युज हो ही जाता है। मैं भी हो जाती हूँ और फिर लौटती हूँ दुनिया की ओर, अपने कर्तव्यों की ओर, सामान्य बनने की ओर। दो बिल्कुल अलग ज़िन्दगियों में तालमेल बिठाती कोशिश करती हूँ कि अपनी लेखनी से एक ऐसा पुल बाँध सकूँ, जिस पर चलकर हर कोई अपने जीवन, अपने हितों से ऊपर उठकर हमारे जीवन और समय के वृहत सरोकारों से ख़ुद को जोड़ सके। थोड़ा और मनुष्यतर हो सके। इस किताब के लिए जब आभार कहने की बारी आती है तो एक साथ कई चेहरे आँखों के सामने तैर जाते हैं तो बिना नाम लिए उन सभी का बहुत-बहुत शुक्रिया जिनकी वजह से मेरी लेखनी ज़िन्दा है और आज किताब के रूप में सामने आ पायी।

और अन्त में बस इतना कि ''वह जिसका अब तक रचा जाना शेष है, उसके होने से ही शेष है, मुझमें मेरा होना।''

–रश्मि भारद्वाज

अनुक्रम

कविता के लिए

जब बहुत कुछ हो आसपास
जिसका बदलना हो जरूरी
और जानते हैं आप
कि नहीं बदला जा सकता कुछ भी
तो उपजती है कविता
हताशा है कविता

जब दफ़न कर दिये जाएँ प्रश्न
और चीखने लगें सन्नाटे
घायल करने लगे ख़ुद को
अपना ही मौन
तो लिखी जाती है कविता
सवाल हैं कविता

जब किश्त दर किश्त
जीवन करता रहे साजिशें
और टूटती जाए उसे सहेजे रखने की हिम्मत
तो बनती है कविता
उम्मीद है कविता
कविता उस जीर्ण समय की रस्सी पर ख़ुद को टिकाए रखने का है जतन
जिसके एक ओर अन्त है
और दूसरी ओर हार।

एक अतिरिक्त अ–1

वे जो लय में नहीं,
उनके सुर में नहीं मिला पाते अपनी आवाज़
उनमें भी दफ़न होता रहता है एक इतिहास
जिसे पढ़ने वाला
बहिष्कृत हो जाता है
देवताओं के बनाए इस लोक से,
देवता जो खड़ी नाक और भव्य ललाट के होते हैं
देवता जो विजेता हैं,
जीतने के लिए भूल जाते हैं देवत्व के सारे नियम
अपने यश गान में उन्हें नहीं चाहिए कोई गलत आलाप

एक उपसर्ग मात्र से बदलती है भूमिकाएँ
साल दर साल जिन्दा जलाया जाने की तय हो जाती है सज़ा
बस एक अतिरिक्त अ की ख़ातिर
वे जो सुर नहीं रहते हैं
इतिहास में।

एक अतिरिक्त अ –2

हर तरफ़ बिक रहे जीत के नुस्खों के बीच भी
पृथ्वी पर बढ़ रहा आतंक पराजय का
शब्दकोष के चमकते शब्दों की लत में पड़ी दुनिया
नहीं सँभाल पाती है एक अतिरिक्त अ का कहर

साइबर कैफ़े में किसी चमत्कारी स्मिथ को मेल करता वह बेचैन बेरोजगार
टूटी–फूटी अँग्रेज़ी में गिड़गिड़ाता
जानना चाहता है जीवन में सफल रहने की तरकीबें

वहीं सड़क के दूसरे किनारे लगे लाल तम्बू में
रंगीन शीशियों में भरे गये हैं विजय द्रव्य
स्खलित होते आत्मविश्वास के फैलने और टिकने की गारन्टी के साथ

दुनिया की तमाम पवित्र जगहों पर कतारबद्ध प्रार्थनाएँ
अक्षमताओं की त्रासद कथाएँ हैं
बेबस पुकारों से प्रतिध्वनित है ब्रह्मांड

जबकि वरदान सरीखे जीवन को सहेजने की हिदायतों से
अँटे पड़े हैं दुनिया के महान ग्रन्थ
सृष्टि हारती जा रही
एक उपसर्ग मात्र से

18बी

फोर बाई फोर के क्यूबिकल में फँसे इनसान को कितना उड़ना चाहिए!
ज़्यादा से ज़्यादा उसे देखना चाहिए
एक अदद गाड़ी का सपना
वह देख सकता है दो कमरों का आधुनिक फ्लैट
और सजे-धजे बच्चे भी
फिर उसे सोचना चाहिए ई.एम.आई. के बारे में
सीखना चाहिए क्यूबिकल में साँस ले पाना
तयशुदा ऑक्सीजन की मात्रा के साथ

मुझसे पहले 18बी में सव्यसाची बैठा करते थे
सुना वो बहुत कामचोर थे
(उनके सपनों में कविताएँ भी थी!)
मैं सबकी नज़र बचा अपनी कविताएँ फ़ाइलों के नीचे दबाती हूँ
फोर बाई फोर के इस क्यूबिकल में
सपने बाज़ार-रंग के होते हैं
उन्हें पूरा पाने के लिए ख़ुद को देना होता है पूरा

अगर आप आकाश के ताज़ा रंग देखना चाहते हैं
पृथ्वी का हरापन सँजोने की चाहत है
भागते हुए भी अक्सर रुक कर
अब भी देख लेते हैं पेड़, फूल, गिलहरी, चिड़िया
ट्रैफिक पर गाड़ियों के बन्द शीशों में नज़र गड़ाती आँखें

और फुटपाथ पर ठंड से काँपते उस बूढ़े को
और ले आते हैं सबको साथ अकसर
अपने फोर बाई फोर के क्यूबिकल में
साबूत (बिना ई.एम.आई. के)

तो धीरे–धीरे आप नाकारा होते जाते हैं
18बी के लिए

ज़िद्दी है ईश्वर!

गढ़े गये स्वार्थी नारों
और जहर उगलते शब्दों के ख़िलाफ़
सड़कों पर बाँटी जा रही मौतों
और अर्थहीन हो रही ज़िन्दगी के ख़िलाफ़
बचपन को रचते रहना ज़िद है ईश्वर की
अपनी उस सृष्टि के खिलाफ़
जो बनाई गयी थी प्रेम और इंसानियत के लिए
लेकिन जिसने चुन लिया है घृणा का रास्ता

बचपन को रचना प्रतिरोध है ईश्वर का
कि तमाम इंसानी साजिशों के बाद भी
बचा रहेगा जीवन
हँसता रहेगा जीवन
एक बच्चे के मासूम चेहरे में

और तब जब कि
एक असहाय चुप्पी के साथ
इतिहास साक्षी होता रहता है
नाज़ियों के देश से
सीरिया, पेशावर, तुर्की
या कि फिलिस्तीन, अफ़ग़ानिस्तान और कश्मीर तक फैले वहशीपन का
मैं सड़क पर पड़े एक टूटे खिलौने को
चुपचाप सहेज लेती हूँ
वहाँ एक धड़कता बचपन होगा

असमर्थ रही भाषा

नाम देना जरूरी था
जरूरी था तय कर देना एक पहचान
गढ़ लेना एक परिभाषा
लेकिन चीज़ें छूटती रहीं नामों की कैद से
असमर्थ रही भाषा
असीमित हो गये अर्थ

खुला आकाश नज़र आना बन्द हो गया
हरी धरती एक विशेषण ज़्यादा रह गयी
केसरिया और लाल
सिर्फ़ रंग नहीं रहे
धर्म, सत्ता, शक्ति, प्रेम
हर किसी ने ख़ुद को ख़ारिज कर लिया
तय किए गये शब्दकोश से

अब जबकि इनसान भी थोड़े से कम इनसान रह गये हैं
और जानवर तब भी जानवर ही कहलाते हैं
हमें जरूरत है कुछ नये नामों की

भय

भय लौट आता है बार–बार
पहली बार टपका था यह नासमझ आँखों से
जब एक उन्मादी भीड़ के हाथ में आई थी कुल्हाड़ियाँ और हथौड़े
नानी के भजन भए प्रगट कृपाला से निकलकर
सच में प्रकट हो जाने की ख़बरों के बीच
हमने भी खेल–खेल में लगाए थे नारे
जब केसरिया बाना ओढ़े उमड़ा था एक सैलाब
राम नाम की हुँकार से दिशाएँ सहमी थीं

किसी अनहोनी की आशंका से
यह दौड़ गया था शिराओं में
जब कुछ झुलसी हुई हथेलियों को देखकर
भय से मुँद आई थी आँखें
हाथ जुड़ गये थे एक अनजानी प्रार्थना के साथ

अगली बार भय कहते ही
प्रतिध्वनि वापस आई गुजरात
सैकड़ों चेहरों से टपका डर
हमारा ख़ून सर्द हो गया
और आँखें शर्म से नीची

अपने चोर मन को कोसा बार–बार
जब एक पहचान डर का पर्याय बनती रही धीरे–धीरे
बसों, ट्रेनों, सड़कों पर उसे चलते देख कर उमड़ आए सन्देह को कुचलते रहे हम
आँखों के आगे तैर आते रहे अक्सर
टूटी हैंडिल के प्याले, बदरंग चीनी मिट्टी की थालियाँ
रसोई के बाहर बाकी बर्तनों से अलग
जिन्हें धोने से पहले बड़बड़ाती कामवाली
डाल देती थी पहले ढ़ेर सारी राख
हम गढ़े जा रहे थे

वही भय आज़ फिर लौट आया है
जब कहीं से कुछ सुन आई बच्ची
बिखरे सिरों को जोड़ कर एक तस्वीर बनाना चाहती है
बेचैनी से पूछती है
हम कौन हैं
मेरा धीरे से बुदबुदाना इनसान उसे आश्वस्त नहीं करता
वह समझना चाहती है उन अलग–अलग ताबूतों को
जिन पर अपनी जरूरतों के हिसाब से कीलें ठोक कर
ताउम्र वो हमें जिन्दा दफ़न रखना चाहते हैं
घुटी हुई चीखों के साथ
बन्द आँखों और जुड़े हुए हाथों के साथ
भय के साथ

घर वापसी

घर वापसी के रास्ते में
आता है एक मरघट
हिंडन के मटमैले कीचड़ के साये में
भागती–चीखती सड़क के किनारे
किसी औघड़ साधू–सा पड़ा
राख और कुत्तों से सना
अकेला
निर्लिप्त, निर्विकार होकर
उन शरीरों को जलाता
जो शायद चन्द लम्हे पहले ही धड़क रहे थे
अपनी ज़िन्दा हसरतों के साथ

आयताकार खाँचे नियत हर शरीर के लिए
बस उतने ही बढ़े जितने में समा जाएँ वह सहूलियत से
लकड़ियों के ढेर के बीच से कभी झाँक जाती हैं
हथेली भर लाल चूड़ियाँ
कभी कहीं से छिटक आती है
एक रामनामी चादर
या फिर झूलते हुए मांस वाला एक हाथ
कि जैसे पकड़ लेना चाहते हों
छोड़ कर जाती हुई हथेलियाँ
कि जैसे बटोर लेना चाहते हों
अशेष इच्छाएँ, अधूरी कामनाएँ जीवन की
जो लिपटी होती हैं शरीर से आखिरी साँस तक

नहीं जाती दफ़न करने या जलाने पर भी
तैरती रहती हैं हमारे आसपास कहीं
बन कर यादें, प्रार्थनाएँ, मनौतियाँ

अब जबकि मृत्यु उपलब्ध है हर कहीं
खरीदी जा सकती है
दवा की दुकानों से चन्द पैसों में सहजता से
या कि बस काटनी होती है सुकोमल पतली एक नीली नस
जीवन को सहेजती
या फिर तेज़ रफ़्तार से भागती सड़क पर
छोड़ देना होता है ख़ुद को
भूलकर सब कुछ
और यह सबकुछ बस चन्द क्षणों में ही
सच बहुत आसान है चुन लेना
यह दूसरा रास्ता जीवन पर भारी

और ऐसे तमाम क्षणों में
हर बार कौंध जाता है आँखों के आगे वह मरघट
जले हुए शरीरों की राख
और उन पर लोटते कुत्ते
मँडराते चील और कौए

मृत्यु! तुम बहुत असुन्दर हो
और हो बहुत अकेली

अनायास तेज हो उठते हैं
घर को लौटते मेरे कदम
ज़िन्दगी जीत जाती है
फिर एक बार
जीत ही जाए हर बार शायद
हमारे लिए तय की गयी
उस अन्तिम वापसी से पहले

उधार की भाषा

उनका हकलाना सुन
मेरी जीभ पर भी उग आते हैं काँटें
स और श के बीच ठिठकती उनकी जुबान
ज और ज़ का बारीक अन्तर समझने की असफल कोशिश
कुछ आँखों में तैरता है खौफ़ आवाज़ के इस आतंक से
कुछ भर उठती हैं उपहास से
ज्यों पूछ रही हों कि जो साथ चले आते हैं अपनी मिट्टी, बोली–बानी के टुकड़े
उनसे भाग सकना इतना सहज है!

मक्खन की डली–सी फिसलनी चाहिए मुँह से उधार की वह भाषा
गर खरीदने हो सपने इस बाज़ार में
यह कहते जाने कितनी बार कोसती हूँ खुद को
चुपके से दिल माँगता है दुआ
कि बनी रहे इन आँखों में सपने देखने की लहक
कोई भाषा नहीं चुरा ले जाए इनके अन्दर की आग

चलने, उठने, बैठने की तरकीबें सिखाती उन्हें
बड़े जतन से छुपाती हूँ अपना कस्बाईपन
किसी कुशल अभिनेत्री–सी ख़ुद को साधती
डरती हूँ लड़खड़ा जाने से
याद दिलाए रखना होता है ख़ुद को हर पल

कि नहीं आये जुबाँ पर वह भाषा मेरी
जो सींचती रही है मुझे हवा, पानी, धूप-सी

और ऐसे तमाम समय में मेरी कविता चुपचाप कमरे से बाहर निकल जाती है
वह जानती है कि मेरे अन्दर तब मैं नहीं होती

देवी

दशमी की अँधियारी रात को
उठती थी देवी की सवारी
दुर्गा अस्थान से
नौ दिनों की निरन्तर पूजा अर्चना के बाद
ढम-ढम बज उठते थे ढोल
चीरते दूर तक फैले सन्नाटे को
विशाल प्रतिमा चौधरी के उदार राजकोष से निॣमत
चुँधियाती थी आँखें अपने दिव्य सौन्दर्य से
माहिषासुर मर्दिनी, लाल आँखोंवाली माँ
भय और श्रद्धा से झुके सिर
जल में प्रवाहित होने से पहले
अन्तिम विदा कहने
खोईछे में दूभी-धान भरने
आती थी अपनी सवारी के साथ चौधरी की हवेली पर

घूँघट में रहने वाली चिन्तामनपुर वाली
आम औरत नहीं थी
जो मुँह उठाए देख आती हैं मेला-ठेला
खा आती हैं जलेबी, और भर आती है कलाइयाँ दर्जन भर चूड़ियों से
वह प्रतिष्ठापित थीं चौधरी की हवेली में
उसके भार से लदी, झुकी
वाक्य पूरा होने से पहले देख लेती थी कनखियों से चौधरी का चेहरा

पढ़ लेती थीं कि स्वीकृति के चिह्न हैं या नहीं

उस एक रात वह भी बन जाती थीं देवी
खुल उठते थे चटाक-चटाक सभी देहबन्ध
खुले केश, लाल नेत्र अंगारों से दहकते
जैसे अब तक हृदय में समेट रखी
सभी कामनाओं को एक साथ धधका दिया हो
और उसके अंगारे चमक रहे हों आँखों में
दह-दह
देखो मत, जल जाओगे

सर झुका बैठ जाता था सारा घर
चरणों पर लोट रहे होते चौधरी
क्षमा माँ! क्षमा!
मुझ नराधम को दे दो क्षमा
क्षमा कि तुम्हें मैं नहीं दे सका सन्तान
और बाँझ कही जाती हो तुम
क्षमा कि विवाह के दस सालों बाद भी
नहीं जान पायी तुम देह सुख
क्षमा कि जड़ दिया तुम्हें तालों में
जहाँ हवा भी नहीं आती मुझसे पूछे बिना
चट-चट चटाक पड़ती रहती थी लातें-थप्पड़
और भाव विहल, लीन मग्न चौधरी

झटके से आकर पकड़ता था गबरू जवान ढोलिया
जो जानता था देवी उतारने का मंत्र
मुस्कुरा उठती थी देवी
पान, फूल, इत्र, मिष्ठान
धूप, रूप, स्वाद, गन्ध
खुल जाते थे तन और मन के बन्द पड़े रेशे रेशे
दशमी की उस गहन रात्रि में
दुर्गा अस्थान से उठ कर आती थीं देवी

साल भर के लिए जल में विलय होने से पहले
दे जाती थी किसी को जीवन
एक रात का

वह कुछ नहीं कहेगी

हथेलियों की लाल हरी चुड़ियाँ खिसकाकर
वह टाँकती है कुछ अक्षर
और दुपट्टे के कोने से पोंछ लेती है
अपनी हदें तोड़ते बेशर्म काजल को

माँ के नाम रोज़ ही लिखती है वह चिट्ठियाँ
और दफ़न कर देती है उसकी सिसकियों को
सन्दूक के अँधेरों में दम तोड़ने के लिए
वही सन्दूक जिसे माँ ने
उम्मीदों के सतरंगी रंगों से भरा था
और साथ ही भरी थीं कई दुआएँ
बिटिया के खुशहाल जीवन की

माँ को अलबत्ता भेजी जाती हैं
कुछ खिलखिलाहटें अक्सर ही
जिसे सुनकर थोड़ा-सा और
जी लेती हैं वह
मर ही जाएँगी वह गर जानेंगी कि
उनकी बिटिया के माथे पर चिपकी गोल बिन्दी से सहमा सूरज
सदा के लिए भूल गया है
देना अपनी रोशनी

और उसके घर अब चारों पहर
बसता हैं सिर्फ अँधेरा

कैसे जी पाएँगी वह
गर जान जाएँगी कि
उसकी माँग में सजी सिन्दूर की सुर्ख लाल रेखा
बँटी हुई है कई और रेखाओं में
और झक्क सफ़ेद शर्ट पर
रेंगती आ जाती हैं
उसके बिस्तर तक भी
कैसे सुन पाएँगी वह
कि पिछली गर्मियों जिन नीले निशानों पर
लगाया करती थी वह ढेर सारा क्न्सीलर
वह किसी के प्रेम की निशानी नहीं थे

नहीं, वह कुछ नहीं कहेगी
और शायद कभी ख़ुद भी दफ़न
कर दी जाएगी
किसी सन्दूक में
हमेशा के लिए

अवसाद मुक्ति है

निराशा के वो पल जब आप हो जाना चाहते हैं बिलकुल अकेले
एक सख़्त आवरण बुने हुए अपने चारों ओर
बेबस लौट जाती है आपको चीर देने को आतुर नुकीले पंजों वाली हर आवाज़
ऐसे ही किसी समय का होना है, ख़ुद के बेहद करीब हो जाना
मुक्त हो जाना आसपास बुने हर झूठ से
बेमतलब चले गये हर रास्ते पर बार-बार लौटना
और सोचना कि सबब क्या था यूँ चलते चले जाने का

ऐसे ही किसी बेहद अन्धेरे समय में यकीन होता है
कि है मौजूद रोशनी की भी एक साफ़, निष्कलंक दुनिया
और जिस तक पहुँचने के रास्ते पर है उन अन्धेरों का पहरा
जिसे अब तक जीवन के भ्रम में सहेजे रखा था
ऐसे ही किसी बेहद अकेले समय में यकीन होता है
कि चाहे कितने ही ख़तरनाक ऐलानों के साथ बढ़ते रहें दीमकों के झुंड
सुरक्षित है आपकी आत्मा
वे नहीं कर सकते घुसपैठ वहाँ तक
कि सुखों के नाम पर बुने हर शोर के लिए बन्द है रास्ता

और ऐसे ही किसी समय में आप देख पाते है कुछ आँसू
छू पाते हैं हर बाहरी परत हटाकर कुछ मन
उनका दुख जोड़ देता है अपने अन्दर का टूटा हुआ कुछ
हर वो चीज़ जो अब तक अपने वजूद में नहीं थी

बहुत मज़बूती से आकर पकड़ लेती है आपका हाथ
और ऐसे ही किसी समय में हो जाता है यकीन
नहीं है इतनी पुख़्ता कोई भी नफ़रत
कि वह आपसे छीन ले साथ मिल कर रो पाने का सुख

यह समय है

यह समय है
जब हमारे आस-पास रेंग रहे हैं कई बेख़ौफ़ गिरगिट
जो पलक झपकते ही हो जाते हैं हरे या भूरे
खुली आँखें भी देखतीं हैं फिर एक भ्रम
मिट जाता है फ़र्क असली और नकली का

यह समय है
जब निराशा के ग्रहण
निगल लेते हैं इंसानियत का सूरज
और जो सूरज चमक रहा होता है
उसे उधार लेनी पड़ती है रौशनी
अँधेरों से

एक ऐसा समय,
जब निष्पक्षता कर देती है अकेला
और अपना वजूद बनाए सकने के लिए
बनना होता है परजीवी
किसी और की ऊर्जा का

यह समय नहीं,
जिसे जिया जाए अपनी शर्तों पर

जहाँ बह सके आदर्शों की कोई धारा
अपने ख़ुद के ग्लेशियर के सहारे
यह समय है,
जहाँ नागफनी की फसल पर लेटी मानवता
कराह रही है घायल
लेकिन बेअसर है हरेक मरहम

यह समय है,
जहाँ कई आवाज़ें
शोर ठहरा दी जातीं हैं
और एक अकेली आवाज
गुम हो जाती है कई आवाज़ों के शोर में

ऐसे ही एक समय में,
विचलित मन
बो रहा है बीज़
प्रार्थनाओं के
कल शायद लहलहा सके
एक नए समय के अंकुर,
नयी उम्मीदों,
नए सपनों के साथ
प्रेम और मैत्री के साथ
शांति और सह–अस्तित्व के साथ
उस दिन एक नया सूरज भी निकलेगा
नयी रोशनी के साथ

माफ़ करना मुझे

कच्ची मिट्टी-सी होती हैं अच्छी बेटियाँ,
पकाई नहीं जाती आँच पर
गढ़ा जाता है उन्हें ताउम्र ज़रूरत के हिसाब से
फिर एक दिन बिखेर कर
कर दिया जाता है हवाले नए कुम्हार के
कि वह ढाल सके उसे अपने रूप में

मुँह में ज़ुबान नहीं रखती अच्छी पत्नियाँ
उन्हें होना चाहिए मेमनों की तरह
प्यारी, मासूम, निर्दोष, असमर्थ
जो ज़िबह होते हुए भी
समेटे हों आँखों में करुणा, क्षमा और प्रेम

अच्छी माएँ, निर्मित करती हैं परिवार का भविष्य
खींचने के लिए एक चरमराती गाड़ी
वह तैयार करती है बैलों को
खत्म कर देती है कोख में ही
कितनी धड़कनें
एकाध आँसुओं के अर्घ्य से

माफ़ करना मुझे,

कि मैंने नहीं सुनी तुम्हारी सीख
कि मुझे भी होना था
एक अच्छी बेटी, पत्नी या माँ
कि इन्हीं से बनता है घर

दरअसल मैंने सुन ली थी
उन घरों की नींव में दफ़न
सिसकियाँ और आहें,
कि मैंने समझ लिया था कि
उन दीवारों मे चुनी जाती हैं कई ज़िन्दा ख़्वाहिशें

मेरा शहर

अपने शहर को याद करते अक्सर
मुझे याद आती है वो सुन्दर-सी लड़की
जो नए खुले पिज्जा कॉर्नर में
काँटे-छुरी से पिज्जा खाने की नाकाम कोशिश कर रही थी
अगले महीने उसे ब्याह कर मुम्बई बस जाना था
और वह भावी पति को शिकायत का कोई मौका नहीं देना चाहती थी

अपने शहर को याद करते हुए अक्सर
मुझे याद आती है वह नीरस रातें
जब आठ बजे ही बेचैन कदम सुन सकते थे अपनी आहट काली सड़कों पर
आवारा कुत्तों के बौखलाए हुए शोर के बीच भी
और वो मटमैले से दिन, बेपरवाह धूल में लोटे बच्चे से
जिसे सुबह माँ ने बड़े जतन से सजाया था
तंग गलियाँ जहाँ एक अदना सा रिक्शावाला भी
थोड़ी और रेजगारी माँगता कर देता था रास्ता बन्द
वह अनजान आँखें जो आतुर थीं बना लेने को पहचान
आपके निजता के आवरण में
अपनी हँसी की सेंध लगाकर
जहाँ हवा भी कुछ यूँ बहती थी
जैसे गुनगुना रहीं हों आपका ही नाम

अपने शहर को याद करते हुए अक्सर याद आती है
गाँव से आई वह लड़की
जिसने जींस–स्कर्ट पहनना तो सीख लिया
लेकिन उतारना भूल गयी थी माथे की बिन्दी
वह मीठी–सी बोली
जो अब भी उतरते ही शहर में कस कर गले लगाती है
यूँ मिलती है जैसे अब तक हमने उसे कभी दगा ही नहीं दिया

इस बड़े शहर में
कभी भीड़ में डूबे रास्ता खोजते
या रोशनी में नहाई रातों में
एक कतरा पहचान का तलाशते
अक्सर पीछे से बोलता है धप्पा
पकड़ लेता है सरेआम
जब हम खेल रहे होते हैं उसकी यादों से आँखमिचौली
शहरी हो जाने की दौड में अकुलाया मेरा कस्बायी शहर
अब तक बचा हुआ है
सच में बन जाने से एक पूरा शहर

मेरा शहर –2

उम्र के इस पड़ाव पर बार–बार पीछे लौटता है मन
जैसे कि यह तीस जमा दो की उम्र एक स्थगन बिन्दु हो
और आगे बढ़ते जाने के लिए लाज़िमी हो पीछे मुड़ कर देखना
टटोलना अपना वजूद कुछ बीत गये लम्हों में
जो अब तक बिखरे पड़े हैं कुछ रंगहीन कागजों की सिलवटों में

बहुत कुछ ऐसा जो समा जाता है कुछ इस तरह रक्त मज्जा से
कि लाख चाहें उसे अलग नहीं कर सकते ख़ुद से
गर किया तो हाथ आता है ख़ून से लथपथ अपना ही अंश
कुछ ऐसी ही हो जाती हैं यादें, जो हाथ पकड़ ले जाती हैं बार–बार वहीं
जहाँ जाने के रस्तों पर हम बिठा देते हैं पहरे

आजकल अक्सर काँधे को हौले से थपथपाता जाता एक सोया–सा शहर, कुछ सपनीली–सी गलियाँ
और एक लड़की जिसकी आँखों में जाने किन रंगों के रेशे थे
कुछ स्लेटी, कुछ धूसर, और जो भी चटकीला था, वह तुम्हारी आँखों का पानी था
एक उनींदी–सी नदी कहीं दूर, जो जगाए जाने पर रोती थी बेज़ार
उस शिवालय की वह सीढ़ियाँ जहाँ आसपास रंगीनी की एक स्याह दुनिया बसी थी
जहाँ नहीं आता था सभ्य समाज दिन के उजालों में
शिव भी शापित थे जहाँ

और वहीं रहता एक कवि अपनी ढेर सारी गायों की कब्रों
और दर्जनों किताबों के साथ, उतना ही शापित, उतना ही उपेक्षित
जैसे कि उस अन्धेरी दुनिया के बाशिन्दे
शहर उसे भी इस्तेमाल करने की कला बख़ूबी जानता था
उसके गीतों को सुनते हुए तुम्हारी आँखों में जो उतर आता था
वहाँ डूब-डूब जाती थी मैं, कभी नहीं उबर पाने के लिए
तुम्हें बाँधती थी वह रहस्यमयी दुनिया या कि मेरा साथ,
जीवन के अनेक अनसुलझे रहस्यों की तरह यह भी रह जाएगा अनुत्तरित
लेकिन जानता था वह कवि जो अब कभी नहीं आएगा लौट कर यह बताने
कि सपने देखना गलत नहीं है
बस नहीं होनी चाहिए आस उसके पूरे होने की

अब जब कि यह तय है कि नहीं पकड़ सकती बीते दिनों का कोई भी सिरा
नहीं बुन सकती उनसे कोई कविता जिसमें दिखे अक्स तुम्हारा
दिल करता है बार-बार, रो लूँ मिल कर गले अपने शहर से
वह तो वहीं है अब भी, भले ही ना हो मेरे इन्तज़ार में
उसकी नज़रों में अब भी मेरे लिए पहचान बाकी है
वह ख़ुद कितना भी बदल जाये
उसे पहचानती हूँ मैं भी

(मेरे शहर मुज़फ्फरपुर के गौरव श्री जानकी वल्लभ शास्त्री जी को समर्पित)

आसान होगा फिर औरत होकर जीना

क्या नहीं रचा होगा
किसी औरत ने कोई महाकाव्य
जिनसे बनती हैं आचार संहिताएँ
जो बन जाते हैं लाठी भीड़ को हाँकते रहने के लिए
जो निर्धारित करते हैं भूमिकाएँ
जो अलग करते हैं एक स्त्री को एक पुरुष से
जो बताते हैं कि कैसे जिया जाता है इन विशेषणों के साथ

या कि लिखा लेकिन कैद कर दिया गया उसे भी उन्ही कन्दराओं में
जहाँ बन्द किया था पहले आदिम मर्द ने पहली आदिम औरत को
सुरक्षा के नाम पर
और ख़ुद बन बैठा शिकारी
और असुरक्षित हो गयी बाहर खुली हुई सभी मादाएँ

वह तब से आज तक उसी भूमिका में है
वह शिकार करता है गति का
वह शिकार करता है जीवन का
वह मार डालना चाहता है उन सभी शब्दों को
जो उठते हैं तय की गयी भूमिकाओं के लिए चुनौती की तरह
कि जिनमें हैं इतनी आग कि वह जला सकते हैं
जंगल के जंगल
जहाँ अभी तक निर्द्वन्द्व घूमता था शिकारी

और इसलिए डरा हुआ है शिकारी
और डरे हुए हैं उसे बनानेवाले वो सभी हाथ
कि औरत भूल बैठी है
अब तक ककहरे की तरह रटाए गये सारे नियम
सभी आचार-संहिताएँ
घर रचते-रचते उसने सीख लिया है ख़ुद को भी रचना

वह डरते हैं कि शब्दों ने खोल दिये हैं अब अपने कई अर्थ
भूमिकाएँ अपने दायरों के बाहर निकल गयी हैं
और तयशुदा विशेषणों की धज्जियाँ उड़ रहीं है
वह सहमे हुए हैं कि
भरभराकर गिरने लगी हैं सभी दीवारें
ध्वस्त हो रहे है सभी किले और दुर्ग
खोद दी गयी हैं सभी कन्दराएँ
मुक्त हैं आवाज़ें
मुक्त हैं शब्द
और औरतों ने सीख लिया है उनका इस्तेमाल

गर अब रचा गया कोई महाकाव्य
तो निसन्देह बदले होंगे कई समीकरण
खोज लिए गये होंगे नए अर्थ
और आसान हो जाएगा शायद
औरत होकर जीना भी
क्योंकि उसे रचा होगा किसी औरत ने ही

कुछ दिन

कुछ दिन बड़े कठिन होते हैं
जब मेरी आँखों में तैर जाते हैं कामना के नीले रेशे
लाल रक्त दौड़ता है दिमाग से लेकर
पैरों के अँगूठे तक
एक अनियन्त्रित ज्वार
लावे–सा पिघल–पिघल कर बहता रहता है
देह के जमे शिलाखंड से
मैं उतार कर अपनी केंचुली
समा देना चाहती हूँ ख़ुद को
सख्त चट्टानों के बीच
इतने करीब कि वह सोख ले मेरा उद्दाम ज्वर
मेरा सारा अवसाद, मेरी सारी लालसा
और मैं समेट लूँ ख़ुद में उसका सारा पथरीलापन
ताकि खिल सके नरम फूल और किलकती कोमल दूब

कुछ दिन बड़े कठिन होते हैं
जब भूल कर और सब कुछ
मैं बन जाती हूँ सिर्फ एक औरत
अपनी देह से बँधी
अपनी देह से निकलने को आतुर
चाहना के उस बन्द द्वार पर दस्तक देती
जहाँ मेरे लिए अपनी मर्ज़ी से प्रवेश वर्जित है

ओ बिदेसिया

1

ओ बिदेसिया
तुम्हारी गाथा लिखना चाहती थी
लिखना चाहती थी वह दर्द
जो सदियों से झेलते आये हो तुम
लिखना था कि चन्द रोटियों की खातिर
अपनी मिट्टी से दूर होकर कैसे जी पाए तुम
लिख देना चाहती थी
वह सारी अवहेलना, वह सारी घृणा
जो तुम्हारी नियति बन गयी है

जानती हूँ ख़ून उतर आता होगा तुम्हारी आँखों में भी
सुनकर अश्लील उपाधियाँ और वो हिंसक रिश्ता
भईया बनाने का
जिसमे प्रेम नहीं नफ़रत छुपी होती है उनकी
लेकिन तुम्हारे इस असहाय क्रोध को भी चाहिए कुछ आधार
मसलन एक छत जो बचा सके मुसीबतों से
एक भरा हुआ पेट जिसे कल की चिन्ता न हो
और शायद तुम्हारे अपने
जो कहीं दूर बस इसी आस में टकटकी लगाये रहते हैं कि
नुक्कड़ की दुकान से आएगा तुम्हारे फोन का बुलावा

जानती हूँ तुम्हे नींद नहीं आती देशी बोतल या गाँजे के बिना
फिर नहीं आते मालिक के सपने
जो खड़ा होता है छाती पर अपनी उधार की रकम के लिए
बबलू भी याद नहीं आता
कैसे गोल-गोल आँखें मटकाता था
बुधना ने बीड़ी पीना सीख लिया था
यह भी याद नहीं रहता
न ही याद रहती है मंगली की लौकी की बेल-सी चढ़ती उम्र
और उसके हाथ न पीले कर पाने का मलाल
रामपुर वाली की मीठी देह-गन्ध भी तब नहीं सताती तुम्हें
यह सब कुछ लिखना चाहती हूँ

लेकिन कैसे लिख पाऊँगी तुम्हारी अन्तहीन पीड़ा
मैं भी तो इसी सभ्य समाज का हिस्सा हूँ
जिसकी नज़र में तुम हो जंगली, जाहिल, गँवार
हम भला कैसे जानेंगे तुम्हारा दर्द
तुम्हारी सैकड़ों वर्षों की वह त्रासद कथा
जब भेड़-बकरियों से लादे गये थे तुम जहाजों पर
काले पानी को पार कर कभी नहीं लौटने के लिए

आज भी ठूँसे जाते हो तुम ट्रेन के डब्बों में
यहाँ तक की छतों पर भी
और कभी-कभी यूँ ही कहीं लावारिश पड़े मिलते हो बेजान
ठेले पर लाद कर भेज दिए जाने के लिए मुर्दा घर

2

सोचो तो जरा बिदेसिया
तुम पैदा ही क्यों किये गये
सिर्फ हम सफ़ेदपोशों के इस्तेमाल के लिए
ताकि तुम ढो सको हमारा बोझ अपने कन्धों पर
हमारे भवन, हमारी सड़कें, हमारे कारखाने

जहाँ मेहनत बोते हो तुम
और फसल काटते हैं हम
और तुम्हे मिलते हैं चन्द सिक्के और ढेर सारी घृणा
तुम्हारे पसीने की गन्ध से उबकाई आती है हमें
भूल जाते हैं कि इस पसीने के दम पर ही है
हमारी दुनिया सुन्दर और आरामदेह
तुम सब माफ़ कर देते हो बिदेसिया

पता है मुझे
गालियाँ खाकर, नफ़रत झेलकर भी
तुम करोगे हमारा ही सजदा
क्योंकि भारी है तुम्हारी रोटियाँ
किसी भी और भावना पर
कैसे कह दूँ लौट जाओ अपने गाँव
भले ही भूखे मर जाना

लेकिन कचोटती है तुम्हारी पीड़ा
हमवतन जो हो तुम मेरे
अन्तर्मन करता है कई प्रश्न
मैं निरुत्तर हूँ
चाहती हूँ, तुम दो उनका उत्तर
चाहती हूँ, तुम कहो कुछ
बताओ कि तुम भी इनसान हो हमारी तरह
हम ये भूल चुके हैं
अब तक अपना पसीना बेचा है न तुमने
अब अपने आँसूओं की बोली भी लगाओ
शायद मिल जाएँ कुछ अच्छे खरीददार

कि और क्या सहेजना है

हाँ, सहेज लिया है मैंने वह घोंसला
जिसे छोड़ कर उड़ गये हैं कुछ पंछी
कभी नहीं लौट कर आने के लिए

सँभाल कर रख लिए हैं, अपनी किताबों में वह पत्ते
जो सिसक रहे थे कोने में पड़े
बिछड़ कर अपनी डाल से

सड़क पर पड़े उन पत्थरों को भी
धो पोंछ कर
सजा दिया है गमलों में
जो ना जाने किस पहाड़ से टूट कर
राह में पड़े हमारी बाट देख रहे थे

पार्क में बिसूरते उस बच्चे को को
गोद में उठा दुलराया भी है
थमाई है उसे लाल पीली गोलियाँ
और समेट ली है उसकी मुस्कान भी ख़ुद में

लेकिन यह सब करके भी
नहीं सहेज पायी मैं कुछ लम्हें

जो बिखेरे थे तुमने मेरी हथेलियों में
और आज वो फैली हैं बनकर बेतरतीब लकीरें

कि उनकी बेतरतीबी मुझे उदास करती है
और उदास होना अन्त है जीवन का
ठीक वैसे ही जैसे
ठहराव अन्त है यात्रा का

कि सब कुछ सहेजते रहने की
तमाम कवायदों के बाद भी
कुछ चीज़ें छोड़ दी हैं मैंने ज्यों कि त्यों
रास्ते में गर मिला कोई मील का पत्थर
तो वहाँ रुक कर सोचूँगी दो पल
कि और क्या सहेजना है

थोड़ा-सा कुछ अपना

लड़की के अन्दर बहती है एक नदी
जिससे सिंचित होकर
पलती है सभ्यताएँ, धड़कते हैं जीवन
लड़की बन जाती है पेड़
देती है सुकून जीवन की धूप में
रसीले फलों के बोझ से झुकी
मिटाती है भूख दुनिया की
लड़की ने समेटे हैं रंग तितलियों के
फूलों से चुराकर ख़ुशबू और रंग
वह बिखेर रही है सृष्टि में
लड़की ने तोड़े हैं बादल के टुकड़े
और उन्हें सहेज लिया है आँखों में
कुछ बेहद सूखे दिनों के लिए
ताकि बनी रहे हरीतिमा

लड़की हो जाती है मछली
भरी है उसमें समन्दर की प्यास
पी जाना है उसे सारा नमक
और घोल देना हैं अपने चारों ओर नीला रंग

लड़की है कि चिड़िया
छू आती है आकाश सारा

शाम तक लौट आने के लिए
अपने घोंसले में

लड़की बन जाती है सब कुछ, सब जैसी
फिर भी बचाए हुए हैं थोड़ा सा अपना होना

हमें गढ़ते हैं वो

वह कहते हैं कि नाक की सीध में चलते रहो
यही है रास्ता
दाएँ-बाएँ देखना गुस्ताख़ी है
और रुकना समय की बरबादी
बस चलते रहो
और हो सके तो मूँद लो अपनी आँखें,
बन्द कर लो अपने कान
मत करो प्रश्न
कि हम चल चुके हैं, बस यही है रास्ता

इस रास्ते पर बिना थके, अनवरत चलते जाने के लिए
उन्होने गढ़े हैं कई सूत्र वाक्य
जो हमारी डूबती आँखों की चमक और
भटकते कदमों की थकान को थाम सके

इस रास्ते पर ठीक-ठीक चलते जाने के लिए
उन्होंने उधार दी हैं हमें अपनी जुबान, अपनी आँखें
अपने कान, पैर और बाकी सभी आवश्यक अंग
ताकि हम बोले तो उनकी बोली
देखे बस उतना जितना उन्हें जरूरी लगे
और सुने वही जितना सुनना हमें रास्ते पर बनाए रखे

यह बात दीगर है कि
उधार की जुबान से बोला नहीं जाता
सिर्फ हकलाया जाता है
ठीक वैसे ही जैसे किसी और के बताए रास्ते पर
चला या दौड़ा नहीं, सिर्फ रेंगा जाता है
और अपनी आँखें बन्द कर लेने का सीधा अर्थ होता है
बन्द कर देना अपनी आत्मा के कपाट

और यह सब करके हम पहुँच पाएँ वहाँ
कि जहाँ तक पहुँच पाएँ हैं वो
अब यह कौन पूछे कि
कहीं पहुँचने का अर्थ क्या वहीं होता है
जो तय किया है उन्होंने!

बिजूका

देह और मन की सीमाओं में
नहीं बँधी होती है गरीब की बेटी
अपने मन की बारहखड़ी पढ़ना उसे आता ही नहीं
और देह उसकी खरीदी जा सकती है
टिकुली, लाली, बीस टकिये या एक दोने जलेबियों के बदले भी

गरीब की बेटी नहीं पायी जाती
किसी कविता या कहानी में
जब आप उसे खोज रहें होंगे
किताबों के पन्नों में
वह खड़ी होगी धान के खेत में, टखने भर पानी के बीच
गोबर में सनी बना रही होगी उपले
या किसी अधेड़ मनचले की अश्लील फब्तियों पर
सरेआम उसके श्राद्ध का भात खाने की मुक्त उद्घोषणा करती
खिलखिलाती, अपनी बकरियाँ ले गुजर चुकी होगी वहाँ से

आप चाहें तो बुला सकते हैं उसे चोर या बेहया
कि दिनदहाड़े, ठीक आपकी नाक के नीचे से
उखाड़ ले जाती है आलू या शक्करकन्द आपके खेत के
कब बाँध लिए उसने गेहूँ की बोरी में से चार मुट्ठी अपने आँचल में
देख ही नहीं सकी आपकी राजमहिषी भी

आपकी नज़रों में वह हो सकती है दुष्चरित्र भी
कि उसे खूब आता है मालिक के बेटे की नज़रें पढ़ना भी
बीती रात मिली थी उसकी टूटी चूड़ियाँ गन्ने के खेत में
यह बात दीगर है कि ऊँची-ऊँची दीवारों से टकराकर
दम तोड़ देती है आवाज़ें आपके घर की
और बचा सके गरीब की बेटी को
नहीं होती ऐसी कोई चारदीवारी

गरीब की बेटी नहीं बन पाती
कभी एक अच्छी माँ
कि उसका बच्चा कभी दम तोड़ता है गिरकर गड्ढे में
कभी सड़क पर पड़ा मिलता है लहूलुहान
हृदयहीन इतनी कि भेज सकती है
अपनी नन्ही-सी जान को
किसी भी कारखाने या होटल में
चौबीस घंटे की दिहारी पर

अच्छी पत्नी भी नहीं होती गरीब की बेटी
कि नहीं दबी होती मंगलसूत्र के बोझ से
शुक्र बाज़ार में दस रुपए में
मिल जाता है उसका मंगलसूत्र
उसके बक्से में पड़ी अन्य सभी मालाओं की तरह

आप सिखा सकते हैं उसे मायने
बड़े-बड़े शब्दों के
जिनकी आड़ में चलते हैं आपके खेल सारे
लेकिन नहीं सीखेगी वह
कि उसके शब्दकोश में एक ही पन्ना है
जिस पर लिखा है एक ही शब्द
भूख
और जिसका मतलब आप नहीं जानते

गरीब की बेटी नहीं जीती
बचपन और जवानी
वह जीती है तो सिर्फ बुढ़ापा
जन्म लेती है, बूढ़ी होती है और मर जाती है
इनसान बनने की बात ही कहाँ
वह नहीं बन पाती एक पूरी औरत भी
दरअसल, वह तो आपके खेत में खड़ी एक बिजूका है
जो आजतक यह समझ ही नहीं पायी
कि उसके वहाँ होने का मकसद क्या है

माँ से कभी नहीं छूटता है घर

माँ हमेशा कहती है
जब नहीं रहूँगी मैं
तब भी रहूँगी इस घर में
यहाँ की हवा में
अधखिले फूलों में
पत्तों पर टपके ओस में
बेतरतीब हो गये सामानों में
पूजा घर में ठिठकी लोबान की ख़ुशबू में
तुलसी के पास रखे उदास सँझबाती के दिये में
या मेरे चले जाने के बाद अनदेखे कर दिये गये
मकड़ी के जालों में

पौधों पर नन्ही कोई गिलहरी दिखे
तो समझना मैं हूँ
कोई नन्ही चिड़िया
तुम्हें बहुत देर से निहारे
तो समझना मैं ही हूँ।
हर शाम अकेली बैठी माँ
जपा करती हैं कुछ मन्त्र
और पास के एक बन्द पड़े मकान की खिड़की पर आ बैठता है
एक बढ़ी आँखों वाला उल्लू
बस चुपचाप देखा करता है, जाने क्या गुना करता है मन ही मन

माँ उससे बतियाती है, वह भी सर हिलाता है कि जैसे सब समझ पा रहा हो
छुट्टियों में आए अपने बच्चों को उससे मिलवाती, कहती है माँ
ऐसे ही चुपके से मैं आ बैठूँगी रोज़
देखूँगी इस घर को
याद करूँगी तुम सब को
तुम सब आओगे यहाँ कभी न कभी!

माँ से कभी नहीं छूटता है घर
घर हमेशा ही छोड़ देता है माँ को

गर हो सके तो

हो सके तो लौटा दो मुझे दिन के वो रुपहले हिस्से
जब थके से कदम सुनना चाहते हैं मेरी आहटें
नन्ही उँगलियों को होता है इन्तज़ार मेरी हथेलियों के स्पर्श का
आँखें खोजती है थाली भर गर्माहट स्नेह से पगी हुई
और मैं दूर कहीं धीरे-धीरे खो रही होती हूँ वो हरेक पल
जिन्हें खो देने से बढ़ी कंगाली और कुछ नहीं हो सकती

हो सके तो लौटा दो मुझे वो तमाम सुबहें
जिसकी उजास मैंने अपने अन्दर नहीं भरी
और रात को ख़ुद में समेटे हुए ही शुरू कर दिये जाने कितने दिन
फिर अगली रात की तैयारी में

ऐसी तमाम शामें भी जाने कहाँ गयीं
जब सड़कों पर रेंगती भीड़ के बीच मैंने नहीं देखी
पश्चिम की लालिमा, पार्क में खेलते रोशनी से भरे चेहरे
मेरी ही तरह घर लौटते अनगिनत पंछी
और आसपास तैर रही कई निष्प्राण आँखें
जिनमे छुपी थी जाने कितनी कहानियाँ बेचैन सी
किसी के सुने जाने के इन्तज़ार में

हो सके तो मुझे लौटा वो तमाम अजन्मी कविताएँ
जिन्हे मैंने इतनी मोहलत भी नहीं दी कि वो ले पाएँ साँसे

और दे जाएँ बदले में मुझे मुट्ठी भर प्राण–वायु
जिसे बटोर लेने से कम हो जाता असर उस हवा का
जिसमें साँसे ले रहे हम सब
कुछ और ही हुए जा रहे हैं
जीने का भ्रम है बनाए रखा है बस
हर रोज जीना भूलते जा रहे हैं

वह शिला सी मज़बूत औरत

घर के जालों को हटाना तो दरअसल एक बहाना होता है
अपने मन पर पड़े जाले हटाना चाहती है
खाली बैठने से डरी हुई,
वह बेवजह ही व्यस्त हो जाती औरत

ज़िन्दगी की दौड़ में,
हर बार प्रस्थान रेखा से शुरुआत करती,
पूरी कर सके दौड़
इससे पहले ही रोक दी जाती है,
तब भी, ख़ुद को विजेता का तमगा दिये जाने पर
वह गीली आँखों से मुसकराती हुई औरत

छोटी-सी ज़िन्दगी के अन्दर
कई-कई ज़िन्दगियाँ जीती,
हर बार एक नया जन्म लेती है
लेकिन किसी भी जन्म में
ख़ुद से कहाँ मिल पाती है
जीवन को जीते हुए भी
जीवन से विलग,
वह ख़ुद से ही नाराज़, झुँझलाई सी-औरत

दायीं आँख फड़कने पर,
कुछ बेचैन से मन्त्र बुदबुदा कर,
दूर बसे बच्चों को फोन मिलाती
उनके सँजो कर रखे गये सामानों में उन्हें ढूँढ़ती,
उम्र से भी ज्यादा चिन्ताएँ बटोर कर
वह असमय ही बूढ़ी हो आई औरत

अपने अधिकारों को बख़ूबी जानती है,
डिग्रियों के पुलिन्दे को सहेजा है पूरे जतन से,
फिर भी फेंकी गयी थालियों से अपना हुनर तोलती,
ताउम्र अपने वजूद को बचाने की कोशिश में,
वह थक कर कुछ रुक गयी सी औरत

कुछ भी हो
जब तक जियेगी, वह टूटेगी नहीं,
जीने के बहाने गढ़ती ही रहेगी
अपने सपनों के घर में,
उम्मीदों के नये रंग सज़ा कर
फिर अकेली ही उसे निहारेगी,
वह शिला सी मज़बूत औरत

प्रेम

सात समन्दर पार लाल परी के झोले में रखी
जादुई डिबिया में बन्द एक ख़ुशबू सा प्रेम
डिबिया खोलते ही
छू! हाथ कुछ भी नहीं
गायब हो गयी डिबिया भी
और तब होता है एहसास
यह कुछ और नहीं
है उनींदी आँखों का एक सपना भर

किसी अनाड़ी मछुआरे की तरह प्रतीक्षारत हम
निहारते हैं अनन्त विस्तार
तन–मन के स्पन्दन को समेटे
सम्भावनाओं के नील जल में तलाशते जीवन के टुकड़े
लेकिन शाम तक लौट आते हैं वापस
उठाए खाली टोकरी किस्मत की
प्रेम छिपा होता है कहीं गहरे अतल में

वह जो एक अंश हम सा विचरता है ब्रह्मांड में
लाख बुलाओ उसे लौट आती है प्रतिध्वनि वापस
हम देते हैं दिलासा
जो मिला वही प्राप्य था
वही एक आवाज आनी थी हम तक

आवाजों के सघन जंगल को चीरती
बनकर मनचाही पुकार

जाने क्यों एक दिन फिर
आवाज के तलवों में उग आती हैं नुकीली कीलें
ठक-ठक रौंदी जाती हैं आत्मा
गुजर जाता है कोई बन्द किए आँखें
छोड़ पीछे नीले-स्याह निशान
उसे भी तो बुलाया प्रेम ही हर बार

सपने नहीं जानते उगना अकेले

जुटाते रहना एक भीड़ अपने आसपास
जोड़ता नहीं हमें किसी से
बहाना है यह बस
कि मानते आए हैं हम
ठंडी पड़ जाने से पहले
जरुरी है सँभाले रखना ज़िन्दगी की नरमाई
अपनी हथेलियों में

सपने नहीं जानते उगना अकेले
वह ढल जाना चाहते हैं
लेकर किसी और की आँखों का रंग
अन्त से ज्यादा डराता है हमें
सपनों का सिमट जाना
बस ख़ुद की आँखों तक
जबकि जानते हैं कि
उनके टूटने पर रोना होगा अकेले ही
खारापन बनने लगता है
हमारी जीभ का स्थायी स्वाद
मिठास बटोरने की बुरी
लत के बाद भी

हर शाम,
यह दुनिया हमारे हाथों से फिसलकर
डूब जाती है नमक के समन्दर में
हर सुबह,
हम मिटाते हैं हथेलियों से निशान
एक और ख़ुदकुशी के

आईने सिर्फ सच ही नहीं बताते

आईने में झाँकती बेचैन आँखें
खोजती हैं अपनी पहचान,
अतीत के रौंदे हुए सपने
उलझे हुए आज़ की लकीरें
और डरावने कल को परे हटा
खोज लाते हैं हम हर बार
एक अज़नबी चेहरा

आईने सिर्फ सच ही नहीं बताते
रखते हैं हिसाब
एक पूरी उम्र का
सिखाते हैं सुकून से ताउम्र
ख़ुद से भाग सकने का हुनर

स्मृतियाँ बीज नहीं होती

स्मृतियाँ बीज नहीं होती
कि उगाया जा सके उनसे
यादों का एक घना वृक्ष
तपती धूप में
दो घड़ी की छाया के लिए

वह तो मौजूद रहती हैं आसपास हर घड़ी हवा-सी,
याद नहीं किए जाने पर भी
कहीं नहीं जाती
देती रहती हैं साँसें
आगे चलते जाने के लिए

वह हैं उस पानी सी
जो आँखों से बहे तो नमकीन
और होठों पर तैरे
तो मीठी हो जाती हैं
तय करती रहती हैं एक सफ़र चुपचाप
शिराओं से लेकर धमनियों तक का

बिखरी होती हैं यह जिए गये रास्तों पर
समेटते हैं इसके अवशेष हम

जोड़ना चाहते हैं
अधूरी जिग सॉ पजल ज़िन्दगी की
गुम कर आए बेपरवाही में
जिसके कई टुकड़े

सात फेरों से आगे

सात फेरों में हमारे दो जोड़े पैर
जाने कितने कदम चले थे
आज फिर कुछ कदम साथ चलते हैं,
साक्षी इस बार अग्नि नहीं
होंगे धूप, हवा, पेड़ और पहाड़।

हम साथ चलेंगे
कोई संकल्प नहीं
मन्त्र नहीं
बस उतने ही पल
जब तक चल सकें हम बिन थके
और जिस क्षण मेरे अंगूठे को अपनी उँगलियों से उठा तुम
किसी पत्थर पर टिकाओगे,
मुक्त हो जाएगा मेरा शरीर
और तुम्हारी आत्मा,
मैं नहीं रहूँगी
तुम भी नहीं
वह पत्थर शिव हो जाएगा

थोड़ा और!

अपनी शाख से बिछड़ा
सूखे पत्ते सा मँडराता एक और दिन
अपनी आवारगी के साथ
ले आता है यह याद भी
कि बहुत कुछ है
जिसे दरकार है थोड़ी सी नमी की
थोड़ा और सहेजे जाने की

बहुत कुछ है, जो जरूरी है
बचाया जाना
इस जलती–सुलगती फिज़ा में
जैसे कुछ टुकड़े हँसी की हरियाली
कुछ अधखिली भोलेपन की फसलें
बहते मीठे पानी सी कुछ यादें
और बसन्त
हमारे–तुम्हारे मन का

एक भरोसा

मुझे बनना था ठोस
दायरे में घिरा हुआ
खाँचों में बन्द किए जा सकने योग्य
मैंने चुना पानी हो जाना

जब बहना था मुझे
पानी की ही तरह
बहा देना था सारा ताप
मैंने चुना आग हो जाना

जब मान लेना था मुझे
हृदय होता है
शरीर में रक्त और ऑक्सीजन
पहुँचाने का एक अंग मात्र
मैंने चुना इसका दिल होना
जहाँ चुपके से रख दिया जाता है
एक भरोसा

और सब ठीक है!

जगमगाती रोशनियों वाले
इन सोते हुए से घरों में
जागती होंगी जाने कितनी अनकही कहानियाँ

किसी एक रोशनी के पार
एक बेरोजगार ने खाने में मिला दिया होगा थोड़ा सा ज़हर
और चैन की नींद सो रहा होगा पूरा परिवार,
इन्ही किन्ही खिड़कियों के पीछे
करवटें बदलती एक औरत
कभी-कभी घूरती होगी पंखे को,

इसी रोशनी के साये में
जुड़े होंगे कुछ हाथ बेचैन प्रार्थना में
दिन भर से बाहर गयी लड़की की
अब तक नहीं आई कोई ख़बर
और आँसुओं से भरी आँखों को
धुँधला नज़र आता होगा सोते हुए बच्चे का चेहरा
शायद यहीं कुछ अँखुआए सपने
खोज रहे होंगे ब्लेड
टूटे सपनों को
उम्र भर की हक़ीकत मानते

आधी रात
चीखता है चौकीदार–जागते रहो
और कुछ जोड़ी आँखें
फिर कभी नहीं सो पाती होंगी
जगमगाती रोशनियों के पार

वह नहीं देखती आसमाँ के बदलते रंग

कुछ लड़कियाँ
छुपा कर रखती हैं वह पन्ने
जो कर आते हैं उनके उजालों की चुगली स्याह रातों से
पर लाख छुपाए जाने पर भी
वह लौट आते हैं हर बार नयी सतरंगी ज़िल्द के साथ
ढिठाई से सेंकते हैं धूप घरों की मुंडेरों पर
ताकि हवा के पहले झोंके के साथ ही
गुनगुना आए हर कान में कुछ किस्से
जिसे समेट कर रखा गया था दुपट्टे की तहों में
या कि बड़े ही जतन से खोंसा गया था
दिल की धड़कनों के करीब, कपड़ों की सिलवटों के बीच कहीं
कि उन पर भूले से वह लिख बैठी होती हैं प्रेम और जीवन

अजीब होती हैं कुछ लड़कियाँ
आसमाँ के बदलते रंगों से अनजान
धरती को नज़रों से निगलती हैं
कि जैसे नज़र हटते ही लड़खड़ा जाएँगी
सीने से चिपकाए रखती हैं सवा दो मीटर लम्बी आबरू
लेकिन फिर भी भर जाती हैं अपराध बोध से
एक्स-रे लगी नज़रों को ख़ुद के आर-पार उतरते महसूस कर
घबरायी हिरनी-सी भागती हैं एक सुरक्षित ठौर की तलाश में

शायद जानते हुए भी कहीं अन्दर यह बात
कि ऐसी कोई जगह नहीं कहीं जहाँ घात पर ना हो कुछ नुकीले पंजे

इनके सपनों में बहुत जल्दी ही डाल दिये जाते हैं
सफ़ेद घोड़ों पर सवार सजीले राजकुमार
घरौंदों के खेल और गुड़ियों का ब्याह रचाते
काढ़ने लगती हैं तकियों पर गुडनाइट, स्वीट ड्रीम्स
सहेजती हैं अपना दहेज़ भी
सहेजे जा रहे कौमार्य के साथ
अर्पण करने को सब कुछ एक अंजान देवता के नाम
जो अक्सर नहीं जानते अपना देवत्व सँभालें कैसे

सच, बड़ी अजीब हैं यह लड़कियाँ
जबकि जानती हैं उनके आने पर घुटनों तक लटक गये थे जो चेहरे
पड़ी रहती हैं उनके ही प्रेम में ताउम्र
नोच कर फेंक दिये जाने के बाद भी उस आँगन से
जहाँ से जुड़ी होती हैं नाभि नाल से
हर उस हवा, हर उस राहगीर और हर उस बोली को निहारती हैं
जो छू कर आती हैं उनका देश, उनके लोग और उनका आँगन
हौले से गुनगुनाती यह गीत
अगले जनम मुझे बिटिया ना कीजो

दरअसल, इस किस्म की लड़कियाँ जन्म नहीं लेती
उन्हें तो ढाला जाता है एक टकसाल में
ताकि वह खरीद सकें ख़ुद को बेचकर
कुछ सपने
और थोड़ी-सी ज़िन्दगी

ग्रेपवाइन

बातों की पाँखों पर दुनिया का बसेरा
बातें जो डैनें फैलातीं
तो पल दो पल सुस्ताती मुँडेर पर
फिर जा पसरती गिरजी चाची की खटिया पर
सूखती मिरचाई के संग
तीखी, लाल, करारी हो उठती

बच्चू बाबा के हुक्के में घुसती
धुएँ के नशे में मदमस्त हो जाती
वे बाते कनिया चाची के चूल्हे पर
खदबद खौलती
सिलबट्टे पर धनिया, गरम मसल्ले के साथ पिसती
चटकार हो जातीं

बूढ़े वामन-सा सीमान्त पर खड़ा
प्रहरी बरगद
मुस्काता मन ही मन
जब लाल मौली सी मीठी, मनुहारी बातें गुपचुप
बँध जाती उसके कठोर तन पर

नईकी कनिया के पैर में काँटा चुभा
या कि पीपल पेड़वाला जिन्न घुसा था

पेड़ पर बैठा जिन्न आँखें तरेरता
हमरा नाम बहुत बदनाम करती हो
अगली बार आना चाची पीपल के गाछ तले
अबकि तुमको ही धरता हूँ।
तब चाची के पेट में मरोड़ उठा था

बातें थी कहनी कथाओं में ढलतीं
सामा-चकेवा की मूरत में सिरजतीं
वे लोकगीतों के बोलों में घुलती
कंठ-कंठ दर्द, विरह, प्रेम बरसता
खेतों में जो गिरतीं सोना उगलतीं
तालों और कुओं पर झमकती
घोघो रानी!
अहा कितना पानी
कमर तक पानी, गले भर बतकहियाँ

रात को जो भूले से चनेसर मामी रस्सी पर पैर रख आती
साँप-साँप कह के टोला जगाती
कोकिला बंगाल से आई करिया जादूगरनी है
मरद मानुष को भेड़ा बनाती है
माधोपुर वाली बुढ़िया डायन है
बच्चे चबाती है

सेमर के फूल सी
धतूरे के बीज सी
फन काढ़े नागिन सी
बिन खाये ब्राह्मण सी
लेकिन वे बातें थीं जिनसे जीवन टपकता था
किस्से कहानी, राग रंग, सावन

कई बरस बीते जाने कहाँ गुम गयीं बातें
खेत खलिहान सूखे, ताल-तलैया रोयी

अब बातें अक्सर मिलती है
कुएँ की तली में गँधाती,
पेड़ से लटकती,
बेआवाज़ पछाड़ें खातीं
सुना किसी ने कहा कि
यह भी बस एक अफ़वाह है
बातें भी कहीं भूख से मरी हैं!

भारहीन

मैं असीम आकाश को सौंपती हूँ मेरा निर्णय
नदी से कहती हूँ मुझे बताओ कैसे बहना है,
सड़क का पत्थर जो असंख्य ठोकरों के बाद भी सलामत है,
उसे ज़िन्दगी मुझसे बेहतर जीनी आती है
मिट्टी की ख़ुशबू भर से एक नन्ही बेल बोतल में कैद भी लहरा उठती है,
हवा को अपना भविष्य सौंप बैठे पेड़ झूमना नहीं भूले।
वह अनन्त सागर लौटता है बार–बार
अपने पास कुछ भी शेष नहीं रखने के बाद की प्रचूरता में उछाहें भरता हुआ,
आग की लौ हर बार कुछ नया रचती है
संहार में भी सृजन के कण दीप्त किए
अपने फैसलों का भार मुझ पर ज़्यादा है
अब एक बार इन्हें तुम सबके हवाले कर
मैं मुक्त होना चाहती हूँ।

एनस्थीसिया

नीली चादर
नीली दीवारें
नीली आकृतियाँ
आसपास फैलता है नीला रंग
धीरे-धीरे भारी होती हैं पलकें
एक सुरंग है
एक रोशनी है कहीं दूर
मैं बहती हूँ रोशनी की तरफ
मेरी देह देखती है मुझे
ठंडी, बेजान
रेंगती है मुझ पर कुछ अजनबी उंगलियाँ
एक टुकड़ा मौत और एक ज़िन्दगी
कुछ याद नहीं
और कुछ भूलता भी नहीं
याद करने और भूलने के बीच की सन्धि रेखा सा
मिलता है जीवन
फिर एक बार

हम लौटते रहते हैं
एक मृत्यु-नींद के बाद
एक मृत्यु-नींद के लिए

एक मृत्यु नींद के बाद

जैसे नींद में चल रहे बुरे सपने के बाद एक ज़ोर की चिहुँक और ज़ारी रहना नींद का,
जैसे चलते-चलते अचानक पैरों से आ लगे पत्थर से छलछला आया लाल रक्त और ज़ारी रहे सफ़र,
जैसे मिल जाना तुम्हारा यूँ ही ताउम्र के लिए और नहीं मिलना एक पल का भी,
जैसे बेतहाशा हँसते हुए कभी ज़बरन छुपाए गये आँसू, और रोते हुए होंठों पर फैली हुई मुस्कान,
वैसे ही मृत्यु नींद के बाद का जीवन,
शेष, अनवरत, निरन्तर
लेकिन कहीं थमा हुआ सा
इच्छा और अनाशक्ति
स्वप्न और विरक्ति
प्रेम और अप्रेम के बीच,
जीवन के अन्दर कई टुकड़े जीवन
लेकिन फिर भी जुड़े हुए

इंडिया गेट पर एक टूटा हुआ गमला

इंडिया गेट पर
अमर जवान ज्योति के घेरे में
कतार में सजे गमलों में एक गमला टूटा पड़ा है
लोग घेरे की ज़ंजीर तक आते हैं
बच्चे, बूढ़े, जवान
प्रेमी युगल
विद्यार्थी
कोई गेट का शीर्ष छूते फोटो ख्चिवा रहा
कोई परिदृश्य में चमचमाती वर्दियों में खड़े जवान चाहता है
एक मुँहफट लड़का, जो कहीं दूर से आया है
ज़ोर से अपने दोस्त से पूछता है
इसके अन्दर हम नहीं जा सकते क्या!
मोदी जा सकता है!
अच्छा मोदी जा सकता है, हम नहीं जा सकते!

गमला अब भी वहीं टूटा पड़ा है
एक छोटी लड़की फूल के पौधे को गिरा देख परेशान हो जाती है
वह थोडी देर बन्दूक ताने जवानों को देखती है
आसपास खड़ी भीड़ को टटोलती है
फिर अपने नन्हे हाथों को ज़ंजीर के अन्दर डाल
चाहती है कि टूटा हुआ गमला उठा दे
उसकी बड़ी बहन उसे पीछे खींचती

आँखें तरेरती है
बच्ची सहमी आँखों से कभी गमले
कभी प्रहरियों को देखती
पीछे हट जाती है
गमला वही गिरा रह जाता है

जंजीर के बाहर
नीले कपड़ों और नीली आँखों वाली
नन्ही अफ़गानी सारा गोल–गोल भाग रही
जीवन में शायद पहली बार इतना उन्मुक्त होकर भागी है
ज़ंजीर के बाहर
बांग्ला देशी मुहम्मद है
प्रेयसी के साथ चटपटे चने खा रहा
रूस से आई श्वेतलाना है
जिसे सब चोरी छिपे निहार रहे
और हैं भारत के कई रंग बिरंगे टुकड़े
जंजीर के अन्दर
एक टूटा हुआ गमला है
और एक तख्ती टँगी है
स्मारक की दीवार, खम्बों और ज़ंजीर को न छुएँ

प्रार्थना के शब्द

कहीं एक आशा का सूरज डूबा
तो एक तारा आखिरी उम्मीद-सा आता होगा
सदियों से वृताकार नाचती इस पृथ्वी पर
अपने-अपने हिस्से के दिन-रात लिए
जीते जाने को अभिशप्त लोग
दुहरा रहें है कुछ शब्द
शब्द जिनकी कोई लिपि नहीं हैं
जो पृथ्वी की हर भाषा में समान है
जीत, हार, अँधेरे, उजाले
सबको समेटे वह जीते रहें हैं पृथ्वी की उम्र

ठीक उसी क्षण कहीं
एक इतिहास अपना प्रारब्ध लिख रहा होता है
तो कहीं घोषित होती है समाप्ति एक अध्याय की
महानायकों की जीत और हार सहेजती
लेकिन हर बार छूटते रहें हैं
कहीं किसी कोने में हौले से बुदबुदाये जाते अक्षर
जिनके हिस्से आया है बस
बिलखती हुई मनुष्यता को सँभालना

बस प्रेम के सिवा

आसान है कुछ उजले दिनों में दोहराना
वही उकताए हुए शब्द
जिनमें आँच देह की तीली से सुलगती हो
जल कर तुरन्त बुझ जाने के लिए

जो हो सके तो तुम बस साथ कहना
मन की हर बात कहकर
आस और विश्वास रखना
जब आएँ गीली बारिशें
तुम हरा कहना
जो धूप हो मखमली
तुम जीवन कहना
शीत की उस कँपकँपी में
हो ऊष्मा-सी तुम्हारी चाह
पतझड़ के सूखे दिनों में
तुम उम्मीद कहना

जब दिखाई नहीं दे हमारे चमकते चेहरे
घना हो इतना अन्धेरा
हम देख सकें आँखों की नमी
और सुन सकें एक-दूसरे की आवाज़ों का कम्पन
मेरा और तुम्हारा एकान्त

हमारे एकान्त का संगीत बन जाए
तुम राग कहना
तुम साज कहना

हम सब गुनेंगे, सब कहेंगे
बस प्रेम के सिवा
प्रेम हमें गढ़ लेगा

हमने कविता कही

जब-जब शब्द कंठ में सिसकी से अटके
हमने उन्हें कविता में पिरो लिया
कविता में लिखे हमने हमारे दुःख
बुन दिए शब्दों में हर छोटे-बड़े सुख
कविता में हमनें अँधेरों के रतजगे लिखे
कविता में हमने उजालों के भय लिखे
कविता ने समेट लिया हमारा अकेलापन
कविता रोटी नहीं बन सकी
कविता रोशनी भी नहीं ला सकी
लेकिन हम जब भी टूटे तो
टूट कर बिखरने को हुए
कविता ने हमें थाम लिया

संगी साथ छोड़ते गये
लौटते कदमों की थाप से हृदय काँपा
कविता उंगली थामे खड़ी रही
जब हर मन्त्र बेअसर रहे
वह प्रार्थना-सी होंठों पर आती रही
सूखे हुए मौसम में
वह पलकों पर नमी बन टिकी रही
हमें रोना-हँसना याद रहा
हम जी सके
हम जीते रहेंगे
कि हमने कविता कही

तलवे

अपनी पीठ पर थामे एक पूरी पृथ्वी
भाग रहें हैं कुछ तलवे
एक ऐसी दौड़
जहाँ जन्म से ही दर्ज़ हैं उनके हाथ और पैर
उंगलियाँ थाम कर चलने की उम्र में ही
थमा दिए जाते झंडों पर
चढ़ा होता किसी और के सपनों का रंग
जिसे लेकर भागते
वह कुछ भी हो सकते हैं
कलुवा, रधिया या दुखवा

दर्शक दीर्घा आदी है
करतल ध्वनि में गूँजते हैं नाम
जो नामों से लगते हैं
सभ्य, गरिमामय, महान
वे हैं कुछ भव्य सिरोंवाले लोग
जिनकी हिस्से की दौड़
भाग रहे हैं तलवे

तलवे भाग रहे हैं
मृत होती सभ्यता की मवाद लिए
जबकि ठोक दी गयी है लोहे की नाल

वे दौड़ते ही जा रहे हैं फिर भी
आदि, अनादि, निरन्तर
एक भग्न संस्कृति का शीश थामे

उनके दौड़ने से डगमगा गया है ईश्वर
एक दिन औंधा हो जाएगा उसका बनाया यह संसार
तलवे फिर नये शीश का निर्माण करेंगे

एक और कहा गया शब्द

एक और कहा गया शब्द
और चारों ओर गूँजते शोर के बीच
मौन थोड़ा और सहम जाएगा
टुकड़ा भर और रोशनी
और रोशनी के इस अश्लील नृत्य में
अँधेरा थोड़ा और दहल जाएगा

बचाते हैं चुटकी भर मौन
एक टुकड़ा अन्धेरा
थकी हुई पृथ्वी को बहुत ज़रूरत है इसकी
बेआवाज़ रोने के लिए

दु:ख कहीं जाता नहीं

दु:ख कहीं जाता नहीं
वह किसी की अनुपस्थिति में ख़ुद को सहेज लेता है
हमेशा उपस्थित रहने के लिए
वह जो नहीं है
वह हमेशा था
उस दीवार पर टँगी अपनी तस्वीर की तरह
या पीछे छूट गयी चीज़ों में ख़ुद को दर्ज़ करता हुआ

जैसे नहीं होने पर भी
बना हुआ है ईश्वर
और बने रहते हैं दु:ख हमेशा

इतना बहुत है

जबकि दर्ज़ हैं हमारे नाम कई हारें, असफलताओं की थकन
हम नहीं भूले अब तक बुनना जीत के क़िस्से
इतिहास हमारे बनाए जाने के इन्तज़ार में है
और इतना बहुत है

जबकि कई अनजाने भय हमारे कदम रोकते हैं
हमने सहेजी है अनगिनत कहानियाँ साहस की
जो अन्धेरों को यह याद दिलाती हैं
कल फिर एक उजला दिन होगा
और इतना बहुत है

हमने ईश्वर को नहीं देखा
लेकिन हम सब के अन्दर अपना एक ईश्वर है
जो बुनता है सपने
जिसके होने से सहे जा सकते हैं हर दुःख
प्यार किया जा सकता है
और इतना बहुत है

शहर और सड़क

रोज़ सुबह देखती हूँ
रात की उनींदी सड़क को
सपनों से लड़ती यह
सुबह होते ही शुरू कर देती है अपनी दौड़
लेकिन जाती कहीं नहीं
ठीक वैसे ही
जैसे इसके सीने को रौंदता
भागता हैं यह शहर
लेकिन पहुँचता कहीं नहीं

यह शहर और सड़क जानते हैं
कहीं नहीं हैं इनकी मंजिल
लेकिन फिर भी दौड़ जारी है
दौड़ जीवन की
अगर रुक गये
तो नष्ट हो जाएँगे
ख़ुद को बचाए रखने के लिए
भागते रहना नियति है इनकी

शहर में ट्रैक्टर

शहर, कार, ट्रैक्टर, सड़क, बस के बीच
एक बच्चा ट्रैक्टर पर गोला बनाता है
महानगर की भागती सुबह में
वाकई अलग नज़र आते हैं
ढेर सारा धुआँ उगलते, घरघराते ट्रैक्टर
साथ जुड़े ट्रेलर पर ठूँसे होते हैं
कुछ उतने ही बेमेल चेहरे
सड़क की चमकती भीड़ से अलग
इनके चेहरे का रंग धूसर होता है

हरी छींट की साड़ी में फूलमतिया मुसकराती है
मोहनवा निहाल, बेहाल हुआ जाता है
तभी मुर्गियों से लदा एक ट्रक गुज़रता है
उनकी आँखों का रंग बदल जाता है

ट्राली पर लदे हर सुबह
शहर गढ़ने आते लोग जानते हैं
ये रेत, ईंट, सीमेंट, सरिया हैं
शहर के लिए

शहर और खिड़कियाँ

घरों की आत्मा होती हैं
शहर में खिड़कियाँ
लाती है कतरा भर रोशनी
मुट्ठी भर हवा
टुकड़ा भर आसमान

सीलन पड़े
बासी से घरों में
खिड़कियाँ आख़िरी उम्मीद है जीवन की
उगा देती हैं नन्ही कोपलें सपनों की
हाँफती, रास्ता तलाशती नन्ही चिड़िया
अचरज से देखती
सिमटता आसमान
चुगती है बिखेरे गये दाने सुकून के

दीवारें बनाते इस शहर में
अब भी जोड़ती हैं खिड़कियाँ

शहर के रंग

जरूरी है कि
काली सफ़ेद धारियों पर टिके रहें सपने
सीखना होता है
ख़तरे का रंग कहाँ लाल है और कहाँ पीला
इनसानों का रंग यहाँ पानी सा है
हर रंग में घुल जाता है
शहर में जी पाने के लिए जरूरी है
बदलते रंगों को पहचानना

पैराडाइज अपार्टमेंट

उन्होंने पाट दी झीलें
फाट दिए जंगल
छीन लिए खेत

अब वह बना रहे नकली झील
बालकनी से दिखेगा घास का मैदान
सुबह जॉगिंग पर जाने के लिए
उगाए जाएँगे सलीकेदार जंगल

रोज़ सुबह धरने पर आ बैठते हैं कुछ लोग
शाम तक उदास लौट जाते हैं
वहीं, जहाँ पैराडाइज अपार्टमेंट बन रहा

कहीं किसी रोज़

कहीं किसी सड़क के एक उनींदे किनारे
एक हाथ मज़बूती से पकड़ता है मेरा हाथ आश्वासन की तरह
अँधेरा तब भी कायम रहता है अपनी जगह
दुःस्वप्न सारे तैरते ही रहते हैं हमारे इर्द-गिर्द
भागती रहती है सड़क की चीखती भीड़
ऑटो, बस, कारें, नींद में चल रहीं सी कई यान्त्रिक कठपुतलियाँ
उनके लिए रुकने की कोई वजह भी नहीं यह

जबकि शायद यूँ भागते रहने की भी कोई ठोस वजह नहीं बना पाये वे
घर जाकर एक रंगीन बक्से के सामने ढह जाने के अलावा

लेकिन उन पलों में
हम जरूर थम गये हैं
या कि थम जाना चाहते हैं हमेशा के लिए
यह भूल जाना चाहते हुए कि कुछ ही पलों में फिर बन जाना होगा इसी भागती भीड़ का हिस्सा
एक दूसरे की हथेलियों के पोरों को उँगलियों से चूमते
आँखों में डूब कर ले आना चाहते हैं
वापस वह रोशनी जो हर रोज़ खोती जा रही है कहीं
हमारे आसपास बढ़ते जा रहे इस अँधेरे में
और तब तुम्हारा हौले से कानों में बुदबुदाया गया वह झूठ
कि हमेशा साथ रहेंगे हम
मुझे दुनिया के एकमात्र सच की तरह सुनाई देता है

यह जानते हुए भी कि हमारे पास कोई और नहीं होता कभी भी
हमारे ख़ुद के अलावा
वही कुछ पल होते हैं
जब लगता है कि जाग रही हूँ
और एक निरन्तर सपने से टूटते, छलते इस जीवन में
यह है एक जागती आँखों का सपना

तुम्हारी हथेलियों में मेरा हाथ
और यह कहना कि प्रेम में हूँ तुम्हारे
बहुत थोड़े से पलों के लिए ही सही
आसपास सब कुछ बदल देता है
वह अँधेरा भी फिर उतना नहीं डराता

उदास समय में भी

एक निराश समय में
जब रेज़गारी-सी जमा कर रख ली गयी हैं ख़ुशियाँ
कुछ बेहद बुरे दिनों के लिए
हमें चमकीले कागज़ों में बँधे मिठास के टुकड़ों से
काम चलाना सीखना होता है

यह एक हारा हुआ समय
ज्यों तुम्हारे कमरे में रखा एक थका हुआ आईना
पस्त-सा देखता रहता है
आते-जाते लोग
छीजते सपने
छूटते हाथ
और कुछ भी दर्ज़ नहीं करता
हर किसी में छोड़ देता है ख़ुद को थोड़ा-थोड़ा

उदास समय में भी
उधार में मिलती रहती हैं जीने की कई तरकीबें
हमने पढ़े थे चक्रवृद्धि ब्याज के नियम
सिर्फ परीक्षा पास करने के लिए
दुनिया की किसी भी पाठशाला का कोई भी शिक्षक
यह नहीं बता पायेगा
कि कुछ पल हँसी के

कितना ऋण बटोर ले जाते हैं उम्र भर
मूल तब भी धरा का धरा ही रह जाता है

सबसे उदास समय में
सबसे महँगी बोली मुस्कराहटों की लगती है
अभी-अभी एक गरीब मुल्क के अमीर बादशाह ने नीलाम की है खुशियाँ
कतार में पीछे खड़ा
तब भी कोई उदास था

चरित्रहीन

बड़ी बेहया होती है वो औरतें
जो लिखी गयी भूमिकाओं में
शातिराना तरीके से कर देती है तब्दीली
और चुपके से तय कर जाती हैं सफर
शिकार से आखेटक तक का
अदा से पीछे करती है
माथों पर लटक आए रेशमी गुच्छे
और मुस्करा उठती हैं लिपस्टिक पुते होठों से
सुनकर जहर में भिगोया सम्बोधन 'चरित्रहीन'

बढ़ी भाग्यशीला होती हैं वो औरतें
जो मुक्त हैं खो देने के डर से वो तथाकथित जेवर
जिसके बोझ तले जीती औरतें जानती हैं
कि उसे उठाए चलना कितना बेदम करता जाता है पल-पल उन्हें
मुक्त, निर्बन्ध राग-सी किलकती यह औरतें
जान जाती हैं कि समर्पण का गणित है बहुत असन्तुलित
और उनका ईश्वर बहुत लचीला है

बड़ी चालाक होती है ये बेहया औरतें
कि जब इनके अन्दर रोपा जा रहा होता है बीज दम्भ का
यह देख लेती हैं शाखाएँ फैलाता एक छतनार वृक्ष
और उसकी सबसे ऊँची शाख पर बैठी छू आती हैं सतरंगा इन्द्रधनुष

उन्हें पता है कि जड़ों पर नहीं है उनका जोर
खाद-पानी मिट्टी पर कब्जा है बीज के मालिक का
शाखाओं तक पहुँचने के हर रास्ते पर है उसका पहरा
लेकिन गीली गुफाओं में फिसलते वह ढीली करता जाता है रस्सियाँ
और खुलने लगते हैं आकाश के वह सारे हिस्से
जो अब तक टुकड़ों में पहुँचते थे घर की आधी खुली खिडकियों से

सुनते हैं, ज़िन्दगी को लूटने की कला जानती हैं यह आवारा औरतें
इतिहास में लिखवा जाती हैं अपना नाम
मरती नहीं अतृप्त
तिनके भर का ही सही
कर देती हैं सुराख़ उसूलों की लोहे ठुकी दीवारों में
और उसकी रोशनी में अपना नंगा चेहरा देखते
बुदबुदा उठते हैं लोग 'चरित्रहीन'

एक झूठ बनाम हैप्पी एंडिंग

बचपन में हमें ठगने के लिए सुनाई जानेवाली कहानी में
हुआ करते थे एक राजा–रानी भी
दोनों मिले लो ख़त्म हुई कहानी
इन काल्पनिक कहानियों के नकली राजा–रानी
अब अक्सर राह चलते टकराते हैं
रानी के पैरों की फटी है बिवाई
राजा के जूते घिसे हुए हैं
खाली कनस्तरों–सा अक्सर ढनमनाता है उनका प्रेम
दीवारों की झरती परतों से गिरते हैं सपने
हम मिलने को अक्सर मरने से बदलकर
खिलखिलाते थे
आज़ अख़बारों के लाल पन्ने देख सहम जाते हैं

नींद के मीठे देश में ले जानेवाली वो कहानियाँ
आज़ नींदें ही ले गयीं है अपने साथ
तब सो पाते थे बेफ़िक्र हम
जब तक नहीं था पता
कि हमें सुनाई जानेवाली कहानियाँ
तब से आज़ तक अधूरी ही हैं

हमारी आँखों में भरे सपनों से उनके शब्द
होंठों पर मचल कर मुस्कराते थे

जब तक यह नहीं था जाना
कि राजा–रानी के मिलने के बाद कहानी ख़त्म नहीं
बल्कि शुरू ही हुआ करती है
बीच के कई गुम पन्नें बाद में हमें मिलते
नज़रें छुपाते हैं

उनका अन्त लिखता कथाकार
ठीक अंतिम पंक्ति से पहले ही भूल गया है अपनी कहानी को
यह सब हमने बहुत बाद में जाना

हम तो कहानी में जीते
कहानी में जगते–सोते हैं
जब तक नहीं जानते
कि दरअसल कहानियाँ हमें जी रहीं होती हैं

16 दिसंबर

(एक मनहूस दिन के नाम एक कविता)

कुछ दिन और रातें बहुत सर्द होती हैं
इतनी कि निष्पन्द हो जाता है शरीर
सुन्न हो जाती है उँगलियाँ, और शरीर बर्फ-सा ठंडा
और ऐसे ही समय में शायद
कुछ लोग खो बैठते हैं अपनी आत्मा की ऊष्मा भी
मुर्दा हो जाता है उनका अन्तर्मन
उसे ज़िंदा करने के लिए
वह बटोरते हैं गर्मी मासूमों के ताज़ा ख़ून से
या कि किसी औरत के नरम गोस्त से
और कहीं कुछ भी नहीं बदलता
पृथ्वी अपनी धूरी पर घूमती रहती है
आसमान बदस्तूर रहता है अपनी जगह
और हम भी कायम रहते हैं वहीं, जहाँ अब तक बने हुए थे
यह सोचते हुए कि पिछली बार किस बुरे वक़्त पर आसमान की ओर तकते हुए कहा था
कि मालिक अब तो रहम कर,
कि तेरी इस कायनात में इससे गलत भी कुछ हो सकता है!

और ऐसे वक़्त में शायद
वह भी अपनी आत्मा को ज़िन्दा रखने के लिए
कहीं छुपा थोड़ी-सी गर्माहट तलाश रहा होता है

वह, जिसे हम ईश्वर और तुम ख़ुदा बुलाते हो
आओ, कि आज उसकी लिखी ताबीरों का अलाव जलाते हैं
और उसकी गर्मी से ज़िंदा करते हैं, मुर्दा हो रही इन्सानियत को

(पेशावर और निर्भया के हादसे पर लिखी गयी कविता। दुर्भाग्यवश ये दोनों ही घटनाएँ अलग वर्षों में लेकिन 16 दिसम्बर को ही घटित हुईं थीं।)

एक आधी नींद के बाद

आधी नींद में अक्सर चौंक कर उठती हूँ
लगता है तेज़ बारिश हो रही है
जबकि बाहर खिली धूप होती है
शायद ऐसी बारिशें अब नींद में ही होती हैं या मन में
आधी नींद में देखती हूँ एक सपना
हम हाथ थामे चले जा रहे हैं
और सड़क एक अन्त के बाद कहीं नहीं जाती
कोई हमारे साथ राह के अन्त तक चला आया
ऐसे हादसे भी तो अब आधी नींद में ही होते हैं

आधी नींद में अक्सर लिखती हूँ एक कविता
जागने पर याद रह जाते हैं बस कुछ अक्षर
शायद कभी हो कि एक ऐसी ही आधी नींद से जागें
और कुछ शब्द हमेशा के लिए भूल चुके हों

आधी नींद लाती है अधूरे सपने, अधूरी कविताएँ
एक अधूरी ज़िन्दगी
मुझे एक पूरी नींद चाहिए

तुम मुझे वहाँ ढूँढ़ना

हर उम्मीद के टूटने के बाद भी जहाँ सपने देखे जाते हैं,
शब्दों के शोर में भी जहाँ मौन ही सबसे ज़्यादा सुनाई देता है,
अक्षरों के बीच के अदृश्य अन्तराल में,
नींद और जाग के बीच कहीं,
प्रेम और अप्रेम के मध्य,
भीड़ में जहाँ कहीं कुछ अकेला बचा है
और बहुत कुछ चले जाने के बाद भी बचा हुआ हो जहाँ सब कुछ
और उन तमाम जगहों में जो होती हैं लेकिन नहीं होती,
और वे तमाम रिश्ते जो हैं या नहीं है
तुम मुझे वहाँ ढूँढ़ना

जीने के लिए

हम प्रेम के लिए नहीं जीते
हम सपनों के लिए भी नहीं जी सकते
ज़िम्मेदारियाँ जीने के बहाने नहीं गढ़ सकती
ना ही स्वार्थ, ना कामना, ना लालसा
ज़िन्दा रह सकने के लिए बस एक हवादार शाम,
एक पुरज़ोर खिला फूल,
एक स्निग्ध तरल हँसी
एक भरपूर उगी सुबह
एक प्याली चाय,
बुकमार्क लगी एक किताब
और ख़ुद का साथ काफ़ी है

पार्शियल एमनिशिया

वह एक बहुत पुरानी बात थी
उसे भुला दिया जाना तय था
और तब जब कि कई जरुरी चीज़ें
भूल जाती रहती हूँ;
घर की चाभी,
एटीएम कार्ड,
मेट्रो कार्ड,
फ़ीस और बिजली की रसीद,
वह एक ग़ैर ज़रूरी बात
कभी भुलाई नहीं जा सकी
अब तक फँसी है कंठ में
एक बेआवाज़ सिसकी की तरह

अपशगुन

रोशनी के दरीचे बन्द कर दो
कि उन्हें नहीं है इजाजत तुम्हारी दुनिया में घुसपैठ की
तुम्हारी दुनिया तक ले जाती जो एक सीधी सड़क हुआ करती थी
वहाँ अब नहीं खिलते हैं किसी के हाथों से बिखेरे गये लाल फूल

तुम्हारी हथेलियों को नहीं है हक कि महके वह हिना की ख़ुशबू से
कि फूलों की बेलों के नीचे नहीं छुपा सकती अब तुम कोई नाम
तुम्हारी हँसी जो बरसों पहले भूल गयी थी तुम्हारा पता
उसे कल देखा मैंने
लाल-हरी चूड़ियों की लड़ियाँ निहारते

हल्दी-अक्षत की निर्मलता
तुम्हारे छूने से हो जाती है अपवित्र
जान सकी क्या
कब बनी तुम अपशगुन!

इसे प्रेम ही कहेंगे शायद

हाँ, इसे प्रेम ही कहेंगे शायद
कि हमारे बीच अब नहीं है जरुरत शब्दों के उस सेतू की
जिस पर चलकर ही कभी हम पहुँच पाते थे एक–दुसरे तक
आँखों के किनारों से टकराती हैं मौन की आतुर लहरें
जिसमे निर्बन्ध तैरते रहते हैं हम
साथ–साथ लेकिन फिर भी अलग
यह अच्छी तरह जानते हुए कि डूबेंगे नहीं
बिना एक दूसरे को लाइफ जैकेट की तरह पहने हुए भी

हाँ, यह प्रेम ही तो है
कि यह जानते हुए भी कि धीरे–धीरे समय की आँच पर सुलग रहे हैं रिश्ते
और घुल रहा है हवा में कार्बन मोनोऑक्साईड
जो मुश्किल करता है साँस लेना भी
हम सँजोये रखते हैं ताज़ी हवा की उम्मीद
और बनाते रहते हैं नयी खिड़कियाँ दीवारों में
ताकि शीतल हवा के झोंके कम कर सकें जलन की तासीर
और मिल सके घुटन से निजात

इसे प्रेम नहीं तो और क्या कहेंगे
कि रोज़ टूटते सपनों की किरचों पर चल कर होते हैं लहूलूहान

फिर भी खरीद लाते हैं अकसर एक नया झिलमिलाता सपना
और सँभाल कर रख देते हैं शो-केस में
यह जानते हुए भी कि उसे भी टूट जाना है एक दिन
यूँ ही, कभी हमारी ही लापरवाही से
या फिर खो देनी है अपनी रंगीनियत
धूल की रोज़ ही चढ़ती मोटी परत के नीचे
उसे चमकाते रहने की तमाम कवायदों के बाद भी

सच कहा तुमने, यह प्रेम ही होगा
कि जानते हैं, मुश्किल है साथ चलना
हम चलते रहते हैं समानान्तर
एक ही सड़क पर
बिना हाथों में हाथ डाले

किसने कहा, प्रेम आँखों में आँखें डाले
हाथ थामे, साथ चलने का नाम है
आसमाँ नीला है और घास हरी
प्रेम इस उम्मीद के ज़िन्दा रहने का नाम है
हर उम्मीद के टूटते चले जाने के बाद भी

कुछ शेड्स-ज़िन्दगी

1.

अनकही पंक्तियों ने उगाए जंगल, उनमें भटकते, राह बनाते तुम तक पहुँचने के लिए खोजी गयी हर पगडंडी एक भूलभूलैया निकली। लेकिन कहे गये शब्द भी तो जुड़ कर सिर्फ वाक्य बने, अर्थ खोता गया। जरुरी था कि हम ऐसे अर्थ जोड़ते जो अपने शब्द ख़ुद चुन कर लाया करते हैं। कहे जाए या नहीं वो होते हैं जैसे कि ये हवा। और कुछ ज़्यादा नहीं, हमें कहना तो बस इतना ही था–अब बहुत हुआ, चलो एक कप कॉफी पीते हैं।

2.

अक्सर आवाजें शोर लगने लगती हैं। हँसते-बतियाते, बहस करते या अपने काम में जुटे लोग एक बेवज़ह की भीड़ में तब्दील हो जाते हैं। मृत्यु-शान्ति जैसे उन पलों में जोर से काट कर चिकोटी ख़ुद को ख़ुद के ज़िन्दा होने का एहसास दिलाना होता है कि अभी बाकी है जीवन। कुछ नील रंग आश्वस्ति देते हैं कि बाकी है शरीर में प्रतिक्रिया देने का जज़्बा। अन्दर यह जो जमा हुआ शेष है, लाख कोशिशों के बाद भी नहीं पिघलता। डर! अवसाद! जाने क्या! नाम दे देना सहूलियत है हमारी। कुछ चीज़ें नाम से परे हो जाती हैं। शायद वो छूटे हुए पल हों या कि छूटे हुए हाथ। एक दस्तक भर का फासला होता है बन्द दरवाजों से फिर भी, कुछ फासले कभी नहीं मिटाए जा पाते; कुछ दरवाज़े हमेशा के लिए बन्द हो जाते हैं।

3.

मैं कुछ अक्षरों को लेकर एक शब्द गढ़ना चाहती हूँ, अवसाद के रंग से धुला हुआ, शाम और रात के बीच के समय का धुँधला शेड चुरा कर बना एक शब्द, कि यही ज़िन्दगी का स्थायी रंग लगता है। शब्द, जिसे समय और हालात कोई नहीं बदल पाये, जो अपने अर्थ के लिए वफ़ादार हो, जो मेरे एकान्त के लिए वफ़ादार हो, जो शून्य में साथ सफ़र करते मेरी आत्मा को अकेला ना छोटे। वह शब्द तुम्हारे बने बनाये खाँचे के पार होगा।
तुम्हारे गढ़े गये शब्द भावनाओं का बोझ उठाते-उठाते सड़ने लगे हैं, उन्हें इतने अर्थों से बाँध दिया गया है कि वे मुक्त होने के लिए छटपटा रहे हैं। अपने ख़ुद के वजूद के लिए बेचैन हैं। चलो, उन्हें फिर से एक बार बिखेर देते हैं ताकि वे ख़ुद को फिर से गढ़ें, एक नया अर्थ चुनें। ख़ुद पर थोपे गये अर्थों से परे। एक स्थायी अर्थ जो उसके उच्चारण मात्र से मन में ध्वनित हो, उसका हर अक्षर जैसे उस अर्थ के लिए ही ख़ास चुना गया हो, जैसे उसका कुछ और अर्थ कभी न हुआ हो, ना हो सकता हो।

4.

एक जाती हुई गाड़ी के बाद पीछे छूट जाती है कुछ भरी हुई आँखें और भीड़ में भी अकेला खड़ा एक सुनसान रेलवे स्टेशन जहाँ फिर कोई भी आवाज़ मायने रखना बन्द हो जाती है।
ख़ामोश स्टेशन चुपचाप दर्ज़ करता जाता है कितनी अनकही बातें, जिन्हें कह पाना आसान था पर नहीं कहा गया। वक़्त बीत गया।
कहीं जाना हमेशा पीछे कुछ छोड़ आना होता है। कुछ छूटे हाथ, कुछ छूटी गलियाँ, कुछ छूटे सपने
विदा में उठे हाथ और आँखें एक क्रूर गाड़ी के पीछे दूर तक जाती हैं और फिर कुछ भी नज़र नहीं आता।
एक आगे बढ़ती गाड़ी और पीछे ओझल हो रहे कुछ लोग...खिड़की से दिखता है एक पीछे बुलाता शहर। हमारे आगे भागते सपनों के साथ उतनी ही तेज़ी से पीछे भागती हैं कुछ यादें।

माउंट आबू के सनसेट पॉइंट पर

1.

डूबता सूरज एक दृश्य है,
प्रतीक्षा में खड़ी है हज़ारों की भीड़
उन्हें मालूम है
कि जो आज़ विदा ले रहा,
वह कल फिर आएगा
जो यह उम्मीद नहीं होती
तो विदा कहने का यह उल्लास भी नहीं होता

धीरे-धीरे वह कहीं विलीन हो रहा
भीड़ हर्षध्वनि निकालती है
यह जानते हुए भी कि बना रहेगा
यह आने-जाने का क्रम
आसान नहीं है विदा कहना
मन सहसा उदास हो आता है
क्या यह आनेवाली काली रात का भय है
या इस सच का अनायास याद आ जाना
कि सूरज तो रोज़ आता है
लेकिन फिर भी छूट जाता है ज़रा-ज़रा अँधेरा
मन के कई कोनों में

2

जादू दिखानेवाला छोटा लड़का
सिक्का गायब कर देता है
तीन पत्थरों को जमा कर
वह उन्हें कैटरीना, करीना, ऐश्वर्या बुलाता है
कभी कैटरीना किसी की ज़ेब से निकल आती है
कभी करीना किसी की जुराब से
उसे तीन–चार खेल ही आते हैं
उससे ठीक पहले एक और छोटा लड़का
ठीक वही खेल दिखा गया है
पहले से प्रतीक्षारत लोग यह बताते हैं
इनके खेल तो हमेशा तय ही होते हैं
बस उनके परिणाम किस्मत की बात है
वह लड़का कुछ कमाए बिना निराश लौटता है

धीरे–धीरे ढल रहा है सूरज
लोग सेल्फी स्टैंड लिए अपना फोटो उतारते हैं
मैं चाहती हूँ हमारे मन में क़ैद हो आए यह दृश्य
जहाँ तुम और मैं
एक साथ आज़ डूबते सूरज को निहारे
कल की उम्मीद लिए

लेकिन तुम अपने मोबाइल के कैमरे में
एक और डूबते सूरज की तस्वीर दिखाते हो
झील के पार
धीरे–धीरे अदृश्य होता सूरज
लाल हो गया झील का पानी
तुम्हारे मन में यह तस्वीर अटकी है
वहाँ कुछ और रंग बिखरे हैं
उन्हें गायब करने का जादू मुझे नहीं आता
ना उस छोटे लड़के को

और सूरज डूब जाता है
अपने पीछे छोड़ते हुए
एक गहरा अँधेरा

घर तो कहीं नहीं है

कई बार यूँ भी होता है
पाँव थके हैं, मन शिथिल
चलो घर चले जाते हैं
लेकिन सड़कें हैं
बाज़ार है
इमारतें हैं
लोग हैं
घर तो कहीं नहीं है

एक आम से दिन में

अभी–अभी माथे की सिलवटों में कुछ दर्द बन उभरा
बस अभी ही दिल एक बार बढ़ी तेज़ धड़का
और बस अभी ही दाईं आँख ज़ोर से फड़की
हमने आईने में झाँकते कुछ सफ़ेद बाल देखे और
घबरा कर बन्द कर ली आँखें
देह पर पानी उलीचते यह उम्मीद की
मन भी धुल कर थोड़ा ताज़ा हो जाए

खुली आँखों और बन्द होंठों से बुदबुदाये कुछ शब्द
जो किसी अनजाने दुःख से मुक्ति चाहते थे
और बाहर के चमकते दिन से आँखें मिला सकने की हिम्मत

सपने हों
प्रेम हो
या हो यह रोज़ आनेवाला दिन,
कुछ भी उस तरह कहाँ आता है, जैसे हमने चाहा था

रुकता नहीं है कुछ भी

रुकता नहीं है कुछ भी
ज्यों बीते जाते हैं मौसम
आँखों से झर जाती है
स्मृतियाँ भी
आनेवाली हर आहट
को लौटना है एक दिन
हर दस्तक माँगती है विदा
गर जो हमें याद रह पाए बस
कि नहीं होता है कुछ भी
हमेशा के लिए

विदा कहते हुए

जानेवालों को चाहिए कि समेट ले जाएँ
वह दूसरा सिरा भी
जो छूट जाता है एक ओर हमेशा के लिए
ले जाना चाहिए उन्हें नोच कर
दिल का वह हिस्सा
जहाँ ढिठाई से उनकी यादें कब्जा किए रहती हैं

अपने आने और फिर लौट जाने के सभी निशानों को
बहा आना चाहिए सदा के लिए
कि जैसे बहा दिये जाते हैं अस्थि कलश
ताले मे जड़ कर
दफ़न कर देनी चाहिए
वह सभी चिट्ठियाँ
वह सभी कविताएँ
जहाँ बसता हो उनका चेहरा

जाते हुए उन्हें ले जाना चाहिए अपने साथ
वह आसरा भी
जो हर हाल में यह यकीन दिलाता रहता है
कि जानेवाले लौट कर आ जाते हैं एक दिन
एक दिन सब फिर पहले जैसा हो जाता है

कोई नहीं है यहाँ

बाहर बढ़ता जाता है शोर जितना
हमारे अन्दर कहीं गहराता है उतना ही सन्नाटा
आँखें बन्द कर लेने पर भी
अट्टहास करते रोशनी के समन्दर की लहरें
चुभती रहती हैं आँखों में
किरचों की तरह

रोशनी का यह समन्दर
शीतलता, ऊर्जा या जीवन नहीं देता
देता है तो एक अन्तहीन प्यास
और हमारी लघुता का एहसास
इस रोशनी में रेंगते सभी साए
झूठ हो या न हों
उनके चेहरों की अबूझ लकीरों को पढना आसान नहीं
और इनके इर्द-गिर्द जीये जाना भी
उन्हें और ख़ुद को भी
छलने जैसा ही है

यह जानते हुए भी कि कोई कहीं नहीं है
हम बनाए रखते हैं भरम
कि एक दिन इस रोशनी की आँखें होंगी
जो झाँक सकेंगी मन का अन्धेरा

फतेहसागर झील के किनारे

यात्राएँ सिर्फ़ शरीर ही नहीं तय करते
मन की यात्राएँ हर पल ज़ारी रहती हैं
मन की यात्राओं में
नहीं बाँधना होता कोई सामान
अपना शरीर भी एक बोझ है
यह भूल कर उड़ा जा सकता है
परिंदों की तरह

ऐसी ही मन की कई यात्राओं में
मैं आ चुकी हूँ तुम्हारे इस शहर में
तुम्हारी इस नीली, अनन्त झील के किनारे
जहाँ बीचों-बीच एक बाग तैरता है
देखा है ख़ुद को तुम्हारे साथ
उसी बेफ़िक्री में बैठे
जब हम एक और झील में बनी
चाय की छोटी सी दुकान में बैठे
चाय पिया करते थे
वहाँ कोई झील नहीं थी
मोतीझील एक तंग सा बाज़ार था
तुम्हें याद हो शायद

मन की यात्राओं में आसान है

अक्सर पीछे लौट जाना
चलना गुजर चुके रास्तों पार
उन मन्दिर की सीढ़ियों पर फिर से जा बैठना
शिव से हमेशा साथ रहने की बेआवाज़ गुहार लगाना

अब जबकि तुम्हारे मन पर नहीं लिखा है मेरा नाम
मैं अक्सर तुम्हारे शहर आ जाती हूँ
झील के किनारे तुम्हारे साथ बैठे
डूबते सूरज को निहारती हूँ
रेङ्क्षलग के बाहर निकल आए पानी में छप-छप करती
मछलियों को तैरता देखती हूँ
तुम्हारा सिर अपनी गोद में धरे
कल के सपने बुनती हूँ

और फिर एक दिन
जब हमारे शरीर झील के किनारे आ खड़े हुए हैं
हमारे मन यहाँ कहीं नहीं है
तुम्हारा मन कहीं और जा टिका है
मैं अपनी मन की यात्रा में इसी झील के किनारे
तुम्हारे साथ हूँ

एक अभिशप्त पीढ़ी

हम एक अभिशप्त पीढ़ी
दुहराते हैं कुछ शब्द इतनी बार
कि खो जाते हैं अर्थ
नहीं बचता कोई जादू

हम एक ऐसी दुनिया के बाशिंदे
जहाँ उँगलियाँ खिलाती हैं सपने
जो आँखों से गुजर कर
फिर उँगलियों से ही
मार दिए जाते हैं

हम इस जोड़ने वाले समय के
सबसे टूटे हुए लोग
जलती बुझती रोशनी में
रास्ता टटोलते
भटके हुए
उड़ने को आतुर
लेकिन गिरने से डरे हुए

हम प्रेम के भ्रम में
सन्देह ढोते लोग
हमें अब मान लेना चाहिए

कि वह जो सुलगा था कभी आँच सा अन्दर
वह हो सकता है सब कुछ और
बस प्रेम नहीं था

बस कम ही रहा

कभी सोचा है
क्यों बन जाते हैं फ़ासले
तमाम चीज़ें तो हैं हमारे पास
फोन, मैसेज, मेल, और जाने क्या-क्या
लेकिन कुछ तो है जो छूट जाता है हर बार

शायद ये कि शब्दों के बीच रहकर भी
हम खोज नहीं पाये वो शब्द
जो साझे हो सकते थे हमारे
जिनसे मिल सकता हो सुकून

शायद ये कि जितना उलझते गये हम
शब्दों की भीड़ में
खोते गये मायने
और बचा रह गया तो बस एक शोर
हमें अपने-अपने किनारों में क़ैद करता हुआ

या शायद ये कि
इतना कुछ चाह लिया हमने
कि जितना भी मिला
बस कम ही रहा
बस कम ही रहा

दो शब्दों के बीच

तुम्हारे लिखे दो शब्दों के बीच बेख़्याली से जो जगह छूट जायेगी,
मैं अपनी कविता के साथ वहाँ मिल जाया करुँगी
उसी जगह, जहाँ तुम्हारे रचे इतिहास से वंचित किए गये लोग रहते हैं,
हारे–थके और दमित लोग
वहीं, जहाँ उनके आँसू रहते हैं,
भूख बसती है,
अन्धेरा सहमाता है
तुम्हारे लिखे चमकते पन्नों से मुझे ख़ून की बू आती है

भाषा से कविता

वे अपने जाने की मुनादी नहीं करते
उन्होंने नहीं कहा कभी अलविदा
जानेवाले बस चुपके से चले जाते हैं
कई बार इतने हौले से
कि उन्हें ख़ुद भी एहसास नहीं होता
अब वे वहाँ मौजूद ही नहीं
जहाँ की परिभाषा में शामिल था उनका नाम
वे गुम हो जाते हैं कहीं
जैसे एक दिन चुपके से खो जाती है
उम्र से आँच,
देह से प्राण
और
भाषा से कविता

दु:ख लिखने से पहले

कविता में दु:ख लिखने से पहले
एक दिया जला कर आले में रखना
दु:ख वहाँ धीमे-धीमे जलेगा
हौले-हौले बहेगा
जो तब भी बचा रहा
तो तुम्हारी कविता के संग हँसेगा

हमें झूठ कहना नहीं आया

हर तरफ़ अकेलापन होने के बाद भी
वह एकान्त कहीं नहीं मिला
जहाँ ज़ार ज़ार रोया जा सके
हिचकियाँ लेते हुए, चिल्लाया जा सके
और कोई हमें पागल कहकर मुस्कुराने को सामने ना हो
हम ना भीड़ का हिस्सा हुए
ना हमें ढंग से अकेला ही होना आया

किसी कुशल जादूगर की तरह
जीवन बुन लाता रहा अक्सर एक नया भ्रम
लेकिन वह ज़ादू कहीं नहीं मिला
जिसे एक दिन टूट नहीं जाना हो
चुपके से हथेलियों में कोई थमा गया राज
देखिए, आँखें खोलिए, ये सम्मोहन ऐसे उतर जाएगा
ना हम पर कोई मन्त्र टिका
ना हमें ढंग से ज़ादू ही करना आया

हर ओर बिखरें रहे शब्द
शब्दों से रचा-बसा रहा जीवन
लेकिन वे शब्द कहीं नहीं मिले
जिनसे गढ़े गये सच
एक दिन झूठ ना हो जाएँ
ना हम ठीक से सच कह-सुन पाएँ
ना हमें ढंग से झूठ ही कहना आया

आत्मा के बन्द कपाट

जहाँ सबसे ज़्यादा प्रतीक्षा थी, वहाँ दरअसल कोई नहीं आनेवाला था,
सबसे एकाकी लोगों ने नहीं झाँका था कभी अपनी आत्मा के अन्दर
वे जो अन्धेरों में घिरे थे, रौशनी के असली चेहरे पहचानते थे,
बहुत हिम्मती लोग जागते थे अपने दुःस्वप्नों में
नींद में सुनते थे अपने रोने की आवाज़,
सबसे हारे हुए लोगों ने रची सबसे भव्य विजय गाथाएँ
टूटते, थकते रहे
लेकिन पन्नों पर रचते रहे प्रेम और जीवन

चीज़ें ओझल रहीं नज़रों से
हम नकारते रहे उनका अस्तित्व
जबकि कुछ सच पूरे और साफ़ दिखाई दें
उसके लिए खोलने होते हैं मन के बन्द कपाट

णाणं
पयासयं

वीर नि.सं. 2470

ई. सन् 1944

भारतीय ज्ञानपीठ

ज्ञान गरिमा के
72 वर्ष

भारतीय
ज्ञानपीठ